もう一度カウンセリング入門

心理臨床の「あたりまえ」を再考する

国重浩一
Kou Kunishige

Rethinking
the Taken-for-Granted Psychotherapy
with the Paradigm of
Narrative Therapy

日本評論社

はじめに

私は、ニュージーランドのワイカト大学カウンセリング大学院でナラティヴ・セラピーを専門に学び、その手法を基盤としてこれまで臨床実践を重ねてきた。入学したのが一九九九年のことなので、ナラティヴ・セラピーに取り組み始めてかれこれ二〇年以上になる。

二〇一三年、ニュージーランドのハミルトンという町で、ダイバーシティ・カウンセリング・ニュージーランドという非営利法人を立ち上げた。現在私はそこで移民や元難民に対して心理的な支援を提供している。日本では二〇一九年、クラウドファンディングの支援を受けて、東京日本橋にナラティヴ実践協働研究センターという一般社団法人を設立した。そしてときどき日本に戻っては、ナラティヴ・セラピー実践トレーニングコースやワークショップの講師を務めている。

ナラティヴ・セラピーは、オーストラリア人のマイケル・ホワイトとニュージーランド人のデイヴィッド・エプストンの貢献によって形作られた、家族療法の潮流に位置づけられる心理療法のアプローチである。本書でナラティヴ・セラピーに触れることも多々あるが、本書の主題はこの技法そのものではない。そうではなく、ナラティヴ・セラピーが基盤とするパラダイム（ものの見方や考え方の根底にあるもの）から、対人支援、とくにカウンセリングにまつわるさまざまな、すでに常識となっていることを再考するという試みをしていきたい。それが、カウンセリングの複雑さ、そしてその醍醐味を味わうことにつながればと願っている。

本書では、対人支援の専門知識と呼ばれるものや、支援者があたりまえだと思ってあまり考えもせずに行っている営みを取り上げて、検討していく。それは多くの読者にとって突飛な発想によるものではないだろうと思う。もし自分が心理的な支援を受ける当事者の立場になれば、実に容易に理解できるようなことが多いはずだ。

支援者として、当事者の身になって考えていくことの必要性は理解できるであろう。その際に、当事者の視点だけをもつのではなく、当事者と支援者、両方の視点をもつことが大切であることを強調しておきたい。当事者の立場で、自分がしてほしい支援のことだけを検討すると、そのような支援が行われないときに、支援者を責める姿勢につながることがある。ここで私は、講演会やワークショップの後で、またはカウンセリングの場面で、人々から「この話を○○に聞かせてあげたい」と何度となく言われたことを思い出している。それは、相手に理解してほしいし、変わってほしいという思いから出た言葉であろう。その思いを察することはできる。しかし、本書で検討するのは、自分がしてほしい支援はどのようなものだろうかという視点を保持しながら、その支援をどうすれば相手に提供できるのか、ということである。この視点を手放すと、いとも簡単に理想論に陥ってしまう。

本書では、私がナラティヴ・セラピーを基盤として行っているカウンセリングにまつわるさまざまなこと、自分の経験を通じて考えたり気づいたりしたことを綴っていきたい。それは、私という人間の能力や経験の範囲に強く影響されている。そこに確実性、一般性、そして正当性を主張することはできない。それでも、自分の経験の近くで書いていくことにこだわりたい。読者に期待したいのは、本書の内容を鵜呑みにするのではなく、自分自身の経験や考え、思いに照らし合わせて、批判的に読むことである。

もくじ

はじめに　3

〔第1章〕「あたりまえ」の再考——問題解決とは異なる会話　13

●ポスト構造主義／社会構成主義とは何か●ポスト構造主義／社会構成主義と対人支援●私たちの見方こそが、特定の原因を見出すということ●原因を追求する会話はどこに行きつくか?●『最も困難なことから』

〔第2章〕カウンセリングという場——自分の声を取り戻すこと　25

●それほど自由に語ることはできない●語りに影響を及ぼすもの●私たちの発話●その人自身の声●存在の証となる「認証」というプロセス●その人自身の声を促進する

〔第3章〕
カウンセリングの会話 41
●自分が語りたいことを語る機会 ●どの程度うまく話せるか ●話し手をどのように見なしているのだろうか ●それでも、私たちはどのように語るのだろうか ●語りはどこからきているのか ●カウンセリングの会話とは ●「うつ病」の話ではない

〔第4章〕
カウンセラーの立つ場所――社会、文化、そして言語 59
●記号表現と記号内容 ●言葉に付随する意味 ●言葉を発するごとに何らかの立場を表明してしまう ●中立的な立ち位置はない ●『もうこの年だし』 ●個人主義から離れること ●科学的に証明されたエビデンス

〔第5章〕
カウンセリングと言葉 79
●コミュニケーションにおける非言語的な側面 ●言葉の意味の不確定性 ●言葉は「程度」を正確に伝えられない ●自閉スペクトラム症からの示唆 ●言葉をめぐるストーリーを聴くことで、その程度を確認する ●『今日一日』

〔第6章〕ストーリーとして語りを聴く——「主訴」とは何か　101
●話の聴き方は人によって異なる●クライアントが見る世界から導かれた主訴●見る世界が変わることによって変化する主訴●臨床的に重要な事柄●ほかに還元されることのないストーリー●『ゲーム依存』

〔第7章〕相手の言葉を受け取る——「傾聴」とは何か　121
●他者に対して語るということ●世の中で最も辛辣な批判者●自分自身を受容する●相手の言葉を受け取るということ●相手の言葉を受け取るワーク●ワーク後の振り返り

〔第8章〕意味をめぐる語りへ——「共感」とは何か　137
●どの程度話せばいいかは、常に不明瞭である●「説明」という語り●語りにおける二つの側面●共感ということ●「意味の風景」の語りを聴く

〔第9章〕
アイデンティティをめぐる描写 153
●アイデンティティという視点 ●診断名や障害名がアイデンティティの一部として内在化される ●将来を示唆するものとしてのアイデンティティ ●アイデンティティをめぐる豊かな描写 ●再著述する会話 ●『兄がこころから幸せを願っている』

〔第10章〕
カウンセリングの理論 171
●日常の会話で育まれる言語 ●「悟りの境地」には誰も達していない ●現実的なしきい値の不在がもたらす弊害 ●「理論」と「やり方」の違い ●理論を起点にするとやり方に開かれる ●理論と実践をつなげていくために ●『相手を思いやって相談しなかった』

〔第11章〕
カウンセラーを支えるご褒美 195
●踏みとどまる力 ●功労者は誰か ●「ご褒美」とは ●『宿題』

〔第12章〕みずからの実践を振り返る 209
●根づかないスーパービジョン●スーパービジョン観の違い●みずからの実践を振り返る会話●耳の調律

おわりに 227

引用文献 231

〔第1章〕

「あたりまえ」の再考
——問題解決とは異なる会話

ポスト構造主義／社会構成主義とは何か

「はじめに」で述べたように、本書では、ナラティヴ・セラピーが基盤とするパラダイムから、カウンセリングにまつわるさまざまな「あたりまえ」を再考するという試みを行っていく。ナラティヴ・セラピーが基盤とするそのパラダイムとは、ポスト構造主義や社会構成主義である。ナラティヴ・セラピーは、思考を積み上げる際にこの哲学的考察を基盤としている。

この心理療法のアプローチが、特定の哲学的パラダイムのなかに位置づけられると宣言していることには理由がある。

私たちを取り巻くさまざまな問題とは、どのようなものであるか。これについて、私たちは、必ずどこかを起点として考察を進めていく。多くの場合、そのような起点があることには気づかないだろうし、疑うこともしない。すなわち、人は何かに取り組むとき、無条件に、自分が使ってきた言語や、育ってきた社会文化的慣習のなかで考えていく。この言語や慣習がここでいう「起点」である。人によって、知識によって、経験によって、そこから生まれる考察にはいろいろなものがあるだろう。しかし、そのような考察は、すべてある起点から生まれたものである。

もし、その起点を別のところに置くとすれば、まったく違った考察が生まれてくる可能性があることは理解できると思う。たとえば、違う時代、違う文化、あるいは違う言語の人がどのように考えるか。それが具体的にはわからないとしても、自分たちとは異なる考察、意味づけ、あるいは理解様式をもつことは容易に想像できる。

しかし、私たちがすでに「あたりまえ」としているところを再考すること、そしてほかの起点から考えることは、そう言われただけで簡単にできるようなことではない。では、どうすればできるのかを学ぶ必要がある。そのような取り組みを、ポスト構造主義や社会構成主義では行ってきたのだ。

ナラティヴ・セラピーがこのようなパラダイムから学ぼうとしたことは、私たちが考察する際に前提としてしまっていることに気づき、その前提そのものが作り出している方向性に抗うにはどうすればよいのか、ということである。そして、心理療法にどのような可能性が開かれるのかを探究してきたのだ。

つまりこのアプローチは、今では私たちの常識となってしまったもの、「あたりまえ」となってしまったものを、再検討していくことから始まる。言い換えれば、これまで社会文化的に作り上げられてきた、あるいは専門家が作り上げてきた「問題」に対する理解の仕方を前提として、ものごとの検討を進めることはしないということである。

ポスト構造主義／社会構成主義と対人支援

このパラダイムは、実はそれほど新しいものではない。すでに数十年も前にその取り組みは始まっている。ところが、対人支援という領域には、その取り組みからの考察が届きにくい状況があるように思う。

人間は、非常に多様で複雑な存在である。その人間を支援することもさまざまな要素の影響を受けることになるので、多くの点を考慮しなければならない。そのときに、ものごとを複雑なまま扱うのではなく、要約して扱いたくなる。何かしら拠り所となるものにすがりつきたくなるのだ。その典型は「エビデンス」や「権威とされる人の意見」であろう。しかし、それらもすべての場面で役立つわけではない以上、とても絶対視することはできない。ところが、そのような拠り所を疑問視することは、自分の実践の基盤を揺るがすことにつながるので、不安をかき立てられることはあっても、新たな可能性を感じることにはならないだろう。

自分の実践は正当であるという感覚をできるだけしっかり保ちたいのは人情というものである。実のところ、自分の取り組みが支援につながっているとは思えない状況もあるかもしれない。そうした場合であっても、何らかのお墨つきがあることで、それを続けることはできる。

ここまでの記述で気づいていただきたいのは、本書の主題は、たとえば、うつ病の人とはどんな人でどのように支援できるかとか、発達障害の人はどんな特性をもっていてどう配慮できるかというような、「相手のこと」ではないということである。そうではなく、対人支援を行っている私たち自身についての考察である。対人支援は、私たちがもつ視点や考え方、態度から始まるということである。それは具体的にはどのようなことか。少しずつ話を進めたい。

私たちの見方こそが、特定の原因を見出すということ

私たちは、人を悩ませたり、苦しめたりする問題には何らかの原因があるということを、当然のごとく想定している。そして、その原因を突き止めることが問題の解決につながると思い込んでいる。その考えに基づいて、何があったのか、誰が悪かったのかという会話を始める。

この考え方のどこが悪いのかわからない、という人もいるだろう。また、この考え方のどこが問題かを理解できる人でも、実際には、原因を見つけようとする会話をいとも簡単に始めることがある。

気づくべきところはいくつかあるが、まず指摘したいのは、原因追求という考え方によって見出される「原因」というものは、それを探す人の姿勢によって大きく異なるということである。このことを私は別の場所で次のように書いた[1]。

たとえば、「うつ病」の原因を探ろうとする場合、幼児期における親の関わり方を最重要視する専門家もいるかもしれないが、人間関係やトラウマ体験、またはその人のものの考え方をもっとも重要な問題であると見なす人もいるのである。

そして、このようなときに、治療方法の乱立という状況に遭遇する。うつ病の治療に対しては、投薬治療から、心理療法、そして民間療法にいたるまで、さまざまな方法が存在している。それは、原因と見なされるものが異なるため、いろいろな方法が存在してしまうということであろう。それぞれが自身の有効性を謳うこともできるのである。

それぞれの立場において、原因の究明がおこなわれているのではあるが、身体の内部要因や外部のストレス要因から始まって、乳幼児期の育てられ方がその要因に加えられることもあれば、ご先祖様や神様だって登場することすらある。

私たちは往々にして、自分の行った原因追求によって見つかったものを、問題の原因であると見なしてしまう。その見つかった「原因」は実は自分の姿勢が作り出したものかもしれない、とはなかなか考えない。これは、対人支援を生業にする者にとっては、実に恐ろしいことだと思う。自分が見出したものは実際にはそこになく、かけていることさえ忘れるほど馴染んでしまった色メガネが見せているものでしかない、ということになるからだ。

ただ、だから色メガネを外しましょうという提案は、ポスト構造主義や社会構成主義の思想からは出てこない。なぜならば、ある文化・社会に生きる私たちは、もれなく何らかのメガネをかけていると見なすからである。異なるメガネをかけることはできても、メガネを外すということはできないとこのパラダイムでは考える。

原因を追求する会話はどこに行きつくか？

次に、原因追求によって誘発された会話がどこに向かっていくことになるかについて、考えてみたい。つまり、この会話が当事者を、そしてそれに関係する人々をどのようなところに導いてしまうのか、ということである。

再びうつ病を例にとってみよう。たとえば、企業に勤務している社員がうつ病となり、その「原因」として、「企業文化」または「上司の性格」を見出したとしよう。そこから生成される解決方法は、実にシンプルで、かつ困難である。企業文化を変える、あるいは上司の性格を変えるということは、誰でも思いつく。しかしその取り組みは、「企業文化を変えることは難しい」あるいは「上司は堅物で人の話を聞かない」ということで容易に頓挫する。

ここで、ではどのような解決方法があるのか、という話を続けたいのではない。原因追求によって誘発された会話は、一見すると何らかの解決に導いてくれるかのようでありながら、実は他者を責める、あるいは自分自身を責めるという袋小路に向かわせていることが往々にしてある、と指摘したいのだ。このような袋小路にたどりついてしまった経験は、誰にでもあるのではないだろうか。とくに対人支援の現場では、比較的頻繁に経験することだろう。

巷に流れるニュースを注意深く追っていけば、原因追求による問題解決を目指していることをうかがわせる話題を見つけるのは難しくない。そこに付随する、取ってつけたような、シンプルかつ困難な解決方法に注目してほしい。多くの場合、実行は難しいにもかかわらず、やればできると思わせるような方法が提示されている。たとえば、子どもに学力をつけさせる、自信のない人が自信をつける、働く人が働きがいを見つけるなどといったテーマを調べてみると、「それができれば苦労しないんだけど」というような解決方法が提示されているのを見つけるのは実に容易である。

対人支援の現場においては、相手との会話を積み上げていく必要がある。そのとき、一見解決に向かいそうだが結局のところ袋小路に行きつくような会話ではなく、可能性、希望、動機につながるような会話を提供しなければならない。

ここで注意してほしいのは、可能性、希望、動機につながる会話をするということは、それ自体について直接話すことを意味しない、ということだ。うつ状態で苦しんでいる人に、のっけから「変化の可能性はありますか?」「希望をもっていますか?」「どんな動機をもっていますか?」などと尋ねるのは、まことに野暮というだけではなく、目指すところにはまったくつながらないであろう。なぜなら、そのような会話は、可能性をもつことができない、希望などない、そして動機もないということを当事者に再確認させ、より深く落ち込ませる方向に導くからである。

アプリシエイティブ・インクワイアリー(Appreciative Inquiry : AI)という手法がある。質問を通して、自分自身や組織の強みや希望、ポジティブな習慣、理想のストーリー、情熱や夢などを語ってもらうというものだ。こうしたアプローチの価値をおおいに認めながらも、対人支援の現場で想定しなければいけないのは、直接的に尋ねられても、その時点ではそのような前向きなことを想像できず、答えられない人々との会話である。

直接的にそのことを尋ねてもどこにも行きつかない。では、「そこに向かう会話とはどのようなものか?」という問いが当然のごとく浮かぶであろう。本書でこの問いにも取り組んでいきたい。

『最も困難なことから』

本書では、適宜カウンセリングの事例を交えて論じていきたい。可能な限り文脈に沿ったものを紹介したいと思ったのであるが、そんなに都合よく事例があるわけではないので、そこまでは配慮できなかった。その一方で、できるだけ多様な事例を紹介するように心がけた。本書内の事例については、本文中に散りばめられるコラムのように読んでいただけたら幸いである。なお、すべての事例は個人情報が特定されないよう、設定等に改変を加えている。

この章で紹介する事例は、カウンセリングにおける会話が、混乱した状況を整理し、次のステップにつながるということに気づかせてくれるものである。問題解決のために話すということだけでなく、その人にとって大切な何かを表現していくことは、今後にとって大切になる。

雇用者のためのカウンセリングサービス（Employee Assistance Program：EAP）を提供する組織から依頼を受けて、私は男性Aさんと面談した。電話でアポイントメントを取るときにすら、Aさんが明らかに動揺していることがわかった。何か重大なことが起こったのではないかと想像できたので、その翌日に面談をすることにした。

カウンセリングの当日、部屋で待っていると三〇代の男性が入ってきた。電話のときに感じたとおり、混乱し、おどおどした雰囲気だった。椅子に座っても落ち着かない様子であった。まずカウンセリングについて最低限の説明をした後で、Aさんが話せることから話すよう促した。

Aさんの語りは最初はぎこちなかったが、それでも、どのような状況に置かれているのかを話すことができた。そこで語られたのは次のようなことであった。

Aさんは先日、飲酒運転をし、捕まってしまった。そのために車で仕事に行けなくなり、付き合いたての恋人と会えなくなり、飲みに行けなくなるので友人関係もなくなってしまいそうだということであった。公共交通機関では時間どおり職場に行くことはできなかった。これはAさんの人生をひっくり返してしまうような出来事だった。Aさんはこの状況をどうやって乗り切ったらよいのだろうかと途方に暮れていた。

それでも、Aさんは自分が利用することのできるEAPのカウンセリングを思い出し、申し込むことができた。

Aさんにある程度状況を語ってもらった後、私は、一つひとつに対応しなければならない状況にあると思うと伝えた。そして、今のAさんの課題を、取り組むことが難しい順に教えてもらえないかと尋ねた。この質問をしてすぐに思い直して、もしかしたら簡単な順に挙げるほうが話しやすいかもしれないと補足し、どちらでも、話してみたいと思うほうから教えてほしいと伝えた。するとAさんは、難しいことから話し始めた。そして、最も難しいのは、この件を両親に伝えることであると教えてくれた。

その理由を問うと、両親の期待を裏切ることになるから、とのことであった。親は自分を愛してくれているし、大切に思ってくれているのを知っているから、そのように感じるのだとAさんは話した。

両親に伝えるのは難しいことをお互いに共有したうえで、まずは仕事に行く手段を確保することや、交際相手と連絡を取ることなどにどう取り組んでいくかについて話し合った。一つひとつをこなしていくために、報告する相手が必要なときもある。そこで私はAさんに、週明けの数日後に予定された次のセッションまでの間、私にメールで、できたこと、できなかったことなどを簡単に報告するのは何らかの助けになるだろうか、と問いかけた。Aさんは、助けになると答えた。ではぜひそうしてほしいと私は伝えた。

初回のカウンセリングが終わったその日のうちに、Aさんからメールが入った。驚いたことに、飲酒運転の件を両親に伝えられたということであった。カウンセリングの後、自宅に戻ると両親がその場にいたので、思わず話してしまったという。両親は、Aさんが正直に話したことを認めてくれ、今後できるだけ支援をすると言ってくれたとのことであった。

最も困難なことを乗り越えられたAさんは、それ以外の課題を順次処理していくことができた。同僚に協力してもらい、職場に通えるようになった。交際相手とは、今後どうしていくか、もう少し調整が必要だということであったが、話し合いを始めることができていた。友人にも正直に話し、お酒抜きで一緒に過ごすことができるようになった。

カウンセリングの場で、両親に伝えることがまずは重要であるという話をすることはなかった。しかし、Aさんは、両親が自分のことをどれほど大切に思っているかについて、しっかりと表現した。そのような両親に対してこの出来事を伝えないのは、伝えるよりも苦しさを伴うことだったのかもしれないと、私はのちに考えたのであった。

カウンセリングというものは、問題解決という目標に向かう会話だけをする場ではない。その人にとって大切なこと、意味のあること、価値のあることについて、表現してもらう場でもある。会話においては、いろいろなことが同時多発的に生じる。カウンセリングの場を訪れる人は、苦しみを表現し、それがカウンセラーに受け取られることによって、自分自身を受容できるようになるのではないだろうか。そして、自分にとって大切な何かを語ることが、次のステップに気持ちを向けることにつながっていくのである。

〔第2章〕

カウンセリングという場

——自分の声を取り戻すこと

私（ホワイト）が短い手紙を出した人々の多くは、社会的にも比較的孤立していた。人々は、自分が何者であるかを同定することに大変困難を感じており、存在感も希薄であった——あまりに希薄なので、彼らはいつも危険な状態に見えた。確かに、彼らの人間としての存在価値が他者によって認められていることは、非常に希であった。このような人々にとっては、自分宛の手紙を受け取るだけで、世界に自分が存在することの証となった。私が知る人の中には、手紙が自分の存在を裏づけてくれるからといって、自分宛の手紙を一、二通、いつも持ち歩く人がいる。私の出した手紙がこれに該当する場合、原本がボロボロになると、新しいコピーを頼まれることもしばしばであった。

——ホワイト[1]

それほど自由に語ることはできない

カウンセリングの場において、支援をする私たちは、クライアントに自由に語ってもらいたいと願う。しかし、そのようなことは、自動的に起きることではないし、「自由に語ってください」と伝えるだけで、そうなるわけでもない。

人と人が出会うとき、そこには、さまざまな要素が関与している。性別の違い、年齢の違い、職種の違い、人種の違い、体験の違いなどが、カウンセラーとクライアントの関係性のなかに入り込んでいく。

子どもはときに、大人の男性を怖がることがある。そのような場合、私が男性であるために、その子どものカウンセラーにはなれないことになる。あるいは、男性から性的被害を受けたことのある女性がクライアントの場合、カウンセラーが男性でも大丈夫かどうかを確認する必要があるだろう。ニュージーランドで生活していると、民族的または宗教的な側面が影響してくることもある。イスラム教の風習のため、女性は夫以外の男性と同じ部屋で二人きりになってはいけないといった場合もある。

どうしてこの人と話す機会をもてたのだろうかと考えてみると、さまざまな要因を見出すことができるものである。ときにその不思議さを感じることもある。ただ、話す機会をもてたからといって、すぐに会話を始められるというものでもない。クライアントからすれば、相手は専門職とはいえ、初対面である。初対面の人間に何でもすぐ話そうと思えるわけではないことは、容易に想像がつくであろう。

他人には言えないようなことを抱えていたのは、それを打ち明けることが恥ずかしかったり、どう思われるのか不安だったりしたためであろう。そうしたことを初対面の相手に伝えようという気になるのは、カウンセラーという職に就く者が、批判することなく真摯に聴いてくれて、その話を他言しないことを理解し、そこに信頼を寄せているからこそである。カウンセリングの場においては、出会う前から何かが始まっているといえるだろう。

このような専門職に対する信頼を、すべての人がもっているわけではない。専門職への信頼が不足している場合、クライアントは、カウンセラーが自分の話をどのように受け取ってくれるのかということを気にしながら話をする。クライアントがカウンセラーの様子を見ながら話したようなことは、本題に入る前の序章にすぎないといえる。その序章で語られたことを「主訴である」などとカウンセラーが受け取ると、クライアントは「性急に判断された」と感じ、大切なところまで到達できないままになってしまうだろう。

子どもとのカウンセリングでは、子どもはカウンセラーに関して事前知識をもつことができない。そのため、子どもはじっとこちらを見つめ、目の前のカウンセラーはどんな人間かを見極めようとする。子どもにとって大切なのは肩書きとか役職ではない。そのカウンセラーがどのような人間なのかが大切なのである。大人に対しては、資格や肩書きがものを言うこともあるだろう。そこを頼みにしているだけでは、「どのような人なのか」を見極めようとするクライアントには対応できない。

語りに影響を及ぼすもの

以前、私がスクールカウンセラーをしていたとき、リファーされてきた生徒の冒頭の語りに興味深い特徴があることに気づいた。すべてというわけではないのだが、多くの子どもが、教師や保護者が聞きたがるようなこと、つまりは大人が言ってほしいと思うようなことを話してくれるのである。「これからもっと頑張りたい」とか、「宿題を忘れないようにする」といったことである。

そのような話が冒頭で出てくるときには、私は、自分は教師でもないし、親でもないことを伝え、あなた自身が何を考えて、何を感じているのかが知りたいと伝えるようにしていた。そこで何が起こるかというと、子どもは、では何を話したらいいのか見当がつかないという表情になり、話が止まってしまうのである。つまり、大人との会話において、子どもは、大人が聞きたいことを言うべきだと思ってしまっているところがありそうである。そのようなとき、子どもが自分自身について語り始めることができるような問いかけが大切になる。

会話という行為は、常に相手に向かってなされるものである。壁に向かって話すのではなく、生身の相手に話すことになる。その際に、話し手は、聴き手の仕草や表情、相槌を頼りにしながら話を進めていく。

クライアントがどのような気持ちで話をしていたのかということを、カウンセリングのセッションを振り返る際に教えてもらえる場合がある。そのようなとき、クライアントが、カウンセラーの問いかけに対して自分がどれだけしっかり答えられているかを気にしていることをうかがい知ることができる。

人に何かを説明するときに、「このような説明でわかるでしょうか？」「うまく質問に答えられないのですが……」などと伝えたくなることがあると思う。そうなのだ。私たちは、相手の意向に沿って話をしてしまいがちなのである。「この質問に対する正解は何だろうか」「このようなとき、普通はどんなことを言うのだろうか」などといった考えが、常に私たちに影響を及ぼすのである。

カウンセリングという場で、カウンセラーは、できるだけクライアントが自身の言葉で、本人が語りたいように語ってほしいと願うであろう。繰り返すが、そのようなことが自動的に起こるとうぶに信じることはできない。自分自身の言葉で語るためには、その人に応じた足場づくりが必要となる。

私たちの発話

私たちは、人の口から発せられたものは、その人自身の言葉であると考えがちである。ところが、私たちがいかに社会や文化の影響を受けているかを振り返れば、そのように単純に考えることはできない。私たちは、場の状況を見て、その場ではどのようなことを言うべきかについて思いをめぐらせながら、発話する存在である。

たとえば、政治家や学校の教師の発言を追っていくと、本当にその人が考え、自分なりに信じていることだけを述べているとは思えないところを拾い上げることができる。立場上「話すべきこと」を話す必要性を感じながら、発言しているのだ。それはたしかに本人の選択ではあるのだろうが、何を話すべきかということは、社会文化的な構築物でもある。

対人支援を行う者であっても同様である。専門家として何を言うか、何に焦点を当てようとするかは、本当に自分自身がしっかりと検討し、納得したことだと言い切れるだろうか。対人支援の専門職としてこのようなことをすべきだ、このようなことを尋ねるべきだ、このようなことを伝えるべきだというような、一般的な常識の再生産になっている可能性はないだろうか。

そうした判で押したような言動は、その専門職独特の雰囲気を相手に伝えていくことになる。以前、元受刑者にインタビューをする機会があった。その元受刑者は、刑務所のなかで、支援者たちに「支援臭」を感じていたという。支援される側がそのようなことを感じてしまう状況において、その人自身の素直な語りを聴くことは難しい。

つまり専門家も、自分自身の言葉で語っていないところが多々あるのだ。「その人自身」が不在であるといえよう。

人と人が出会い、お互いに会話をする場面において、一方が専門家という仮面をつけ、もう一方がクライアントという仮面をつけて話すとは、どのようなことなのだろうか。

私は『オープンダイアローグ[2]』の愛読者であるが、日本語版の帯に印刷された言葉が気になっている。そこには「あなたは『専門性』という鎧を脱ぎすてられますか？」とある。私としては、「専門性」を「専門家」に置き換えたくてうずうずしてしまうのだ。カウンセリングの高度な専門性を捨てることが良質な支援につながるとは思えない。一方で、「専門家」という鎧をまとい、「その人自身」が感じられない状況をよしとできないことには、まったくもって同意するのだ。

その人自身の声

このように見ていくと、私たちは、自分の口で語りながらも、自分自身の声で話していない場合があることに気づくであろう。ここで「声」とは比喩でもある。声とは、その人の肉声という意味だけでなく、その人が自分自身で感じ、考え、思ったことの表明という意味でもある。紛れもなく、本人が「それはたしかに自分で感じ、考えたことです」と表明できるものである。専門家は、「きちんとした専門家」として振る舞おうとする。そのために、その人自身のさまざまな声が周縁化されていく。カウンセラーであるというだけで、自分の考えや思い、観察して見えたことに基づいて行動できないどころか、口にすることすらできない場合がある。たしかに自分の言葉で話をしていても、その話されたことは紛れもなく私自身の声です、と言えないことは多々あるだろう。

専門家にも起こりうることだが、私たちが住む社会では、構造的に、ある人々の声が周縁化されていることに気づく必要がある。その人たちの声に焦点が当たらないだけでなく、耳を傾けるべきものだと見なされてすらいないのだ。

ときに、自分が臨床経験などから学んだことを人に伝える機会がある。私はナラティヴ・セラピーというニッチな手法に取り組んできたのだが、近年、専門家の間でそれが注目されてきたために、私に目が向けられているのである。そのような状況は自分でつくったとは到底思えないので、「めぐってきた」としか表現できない。

自分の声で語る機会は本人の意思だけで得られるものではなく、そのような機会を提供される必要がある。そして、見事なまでに声を発する機会が得られない人々を、この社会に見出すことができる。ここで「声を発する」とは、独り言のことではない。それは、その人の声が、誰かに聴かれ、受け取られることまでを含んでいる。

そのような人々とは誰であろうか？　ここまでの文章を読んで、それは実に私のことである、と思う人もいるだろう。自分の声を発する機会がない、それを聴いてくれる相手がいないと感じている人がいると思うのだ。

この社会のどこにそのような人がいるのかがわからないのなら、目を凝らしてみる必要がある。そうした人はこの社会のいたるところに存在する。「社会的弱者」や「マイノリティ」というキーワードで探してみればすぐに見つかる。そして、家庭、何らかの組織やグループにおいても、その場がもってしまう構造によって、声を発する機会がめぐってこない人たちがいるだろう。ほかの場所では声を発することができるのだが、その場に入ってしまうと、そうした機会がめぐってこないのである。

その人自身の声とは、世間一般に広まっているような表現や意味づけではなく、その人の「知っていること、考えていること、感じていること、ないしは知らないこと、考えていないこと、感じていないこと[3]」である。その人の個人的な視点の表明である。

その表明は、ほかの誰でもなくその人自身のことを、私たちに教えてくれる。

私がこだわってきたのは、「私」のことではない。また、「この私」が特殊であるといいたいのではない。私はすこしも特殊ではない。私は自分がいかにありふれているかを知っている。それにもかかわらず「この私」は他のだれでもないと感じている。（柄谷[4]）

「この私」「その人」の声がしっかりと会話のなかに表明されてこそ、カウンセリングという非常にパーソナルな領域を扱う場において、まさしくその人と向き合うことができているといえるであろう。

存在の証となる「認証」というプロセス

人が自分の声で語ろうとするとき、自分自身の内面を探索することになる。そのときに自分は何を感じたのだろうか、何を思ったのだろうか、何を大切にしたのだろうか、ということを、みずからのうちに探すのである。

聴き手のほうを見て、聴き手が言ってほしいことを話す作業を「外側に焦点を当てる」と表現するとすれば、これは、「内側に焦点を当てる」プロセスであるといえるだろう。話し手の表情を観察すると、聴き手であるこちらを見ていないことに気づくことがある。こちらのほうに顔を向けてはいるのだが、こちらを見てはいないようなのである。

自分のなかにあるものを探すというプロセスは、明確な表現の塊を見つけるようなものではない。しっかりと手にすることはできないが、そこにありそうなものをめぐって、少しずつ表現するような作業となる。その表現を口に出してみて、それが間違っていないかを確認しながら、手探りで進んでいくプロセスであろう。

聴き手は、話し手の口から出た言葉を伝え返すことによって、その表現をよりしっかりしたものにしていくことができる。ときには、その表現が聴き手にどのように響いたのかを伝えることも、このプロセスの助けになるであろう。

そして、口にした表現が、紛れもなく自分自身の声であると思えるときがあるのだ。そのような声が示すことは、一般常識的な「あたりまえ」とは違うかもしれない。おかしいと思うこともあるかもしれない。しかし、その人にとっては、それが自分の声なのである。それは、「紛れもなくここに、このような私自身がいるのです」という宣言なのである。

心理学に「承認欲求」という用語がある。私たちには人に認めてもらいたい欲求がある、という意味である。この言葉を他人に対して向けると、少しいやらしいニュアンスを帯びることがある（「あの人は承認欲求が強くて……」といった表現をしてみると、はっきりするかもしれない）。そのため、ここでは「承認」ではなく「認証」という言葉を使うことにする。意味としては同じようなものであるが、手垢がついていないため、承認欲求などといった発想に引きずられないで、その人自身の声を認めることの大切さを検討できるだろう。

ここで述べているのは、それまで自分の声で語る機会をもちえなかった人が語る機会を手にすると、「その人」がしっかりと私たちの前に姿を現すということである。物理的には存在していたものの誰にも声を聴かれることのなかった人が、そこにいるのである。つまり、カウンセリングにおいて、その人自身の声で語ってもらうということは、存在証明となる。そして、カウンセラーは、その人がそのように存在していることの証人となりうる。

カウンセリングの場で、カウンセラーは、クライアントのある経験や側面を知るたった一人の人間になることが稀ではない。その人がそのような側面をもっていることを知っているのは、自分だけなのである。世界で少なくともこのカウンセラーはそのことを知ってくれているのだ、受け入れてくれたのだ、という実感をもって、クライアントはこれからの生活を送っていける。

さまざまな当面の課題は依然そこにあるだろう。しかし、その人が、その人自身としてここに存在できるようになることは、何ごとにも先だって起こるべきことである。

その人自身の声を促進する

その人自身の声をどう言葉にしてもらうかは、本書でこの先さまざまに触れていく。相手の言葉を受け取ること、相手が使った表現そのものをしっかりと返すこと、「意味の風景」を描写してもらうこと、などである。

ここで、こちらから投げかける問いの質について、少し考えてみたい。構造化面接などのように、一見自由な会話と見せながら、臨床上大切なことを順に尋ねていき、必要な情報を収集するというやり方がある。このような質問は、聴き手の視点から生まれたものであり、多くの場合、返ってくる答えもある程度想定することができる。

そのような質問を受けると、回答するほうは、どのように答えたらいいのかを考えてしまう。正解を答えないといけない、というような気持ちにさせられる。

その人自身の声を促進することは、こちらが答えを想定できるような質問を投げかけることによっては成し遂げられない。その人自身の声とは、あることがその人にとってどのようなことなのか、どのような意味をもつのかを表現するためのものである。カウンセリングの場で生まれたそのような表現は、カウンセラーに聴かれ、受け取られ、カウンセラーの人となりを介して、本人に返されていく。そして、その人が自分のなかに見出すことのできたものが、より形を成していくのである。

そのときに、クライアントが一人で、そうした表現をすることができたと考えるわけにはいかない。少し長くなるが、『オープンダイアローグ』[2]から引用しよう。

バフチン[5][6]は〈対話〉はアイデアを生む培地であると考えていた。意味が作られていくのは、その場の人たちのあいだの個別性の中に置いてである。参加者個々の「頭の中」にあるのではなく、彼らの人と人との「あいだ」にあるのである。最初はこれまで使われてきた歴史の中で豊かな意味を蓄えてきた言葉を「借りてきて」使っているのであるが、やがて対話をする者たちはその言葉の意味を今現在の独自の状況に合ったものにつくりあげていくのである。発話はその意味を、聴き手からも話し手からも引き出す。言葉が意味を持つためには、応答を必要とするのである。意味が応答に依存しているということを、バフチンは対話の「完結不可能性(unfinalizability)」と呼んだ。[7] 意味というものは、応答・応答に対する応答・そしてさらなる応答がつづく、という本来的に予測不可能なプロセスのうちに生み出され、変わっていく。それは中断されることはあっても、決して終結することのないプロセスである。より多くの〈声〉が重なってポリフォニー的な対話[5]になれば、理解はますます豊かになっていくだろう。(中略)対話は相互的行為である。だから、対話を心理療法のひとつとしてみれば、そこでの治療者の立場はすっかり変わってしまう。その立場はもはや介入を行う者ではなく、自らも発話と応答の相互プロセスに入り込んでいるのである。当事者たちを対象としてみるのではなく、自らが彼らと主体同士の関係となるのだ。[5]

私は、誰からも注意を向けられることなく、それゆえに語ることすらできない人々のことを想いたい。そのなかには、私が出会うのが難しいような人も多くいる。一方で、すぐそばにいる人たちでもあるのだ。日常を送るために必要な「声」をまといながら、ごく普通に生活している。しかし、その人自身の生の「声」は、まだ聴いたことがない。

そのような声は、身体的な生と死ではなく、人生をきちんと生きているかどうかという意味で、生死にかかわる場合がある。人は、生きるために自分の声を発する必要があり、それを聴かれ、受け取られる必要があるのだ。

その人自身の声とは、聴く者にとって、ときにドキッとさせられたり、どのように返せばよいか戸惑うものである。たとえば、ＬＧＢＴＱであるというようなカミングアウトをされるときがある。それ以外にも、さまざまな疾患や障害を抱えていると伝えられることがある。または、末期がんであるといったように、死が確実に迫っている場合もある。死にたいという思いのこともある。

このようなことを聴く機会は、カウンセリングの場だけにあるわけではない。人との関係性のなかでは常に可能性があることだ。そのときに、私たちは、すぐにこころから共感することなどできない。すぐに理解などできない。それでも、相手の言葉をしっかりと受け取ることはできるようになりたい、と私は願っている。なぜならば、それは、相手がそのような人だと認めること、すなわち「認証」になるからである。

カウンセリングというものを、単なる問題解決や課題解決のための場であるとは考えたくない。それはカウンセリングの価値を過小評価しているだろう。人と人とが出会い、自分自身の声で言葉を交わしていくことは、本当にさまざまなことが起こる可能性を秘めているのだ。

それは、当然のことながら、人に傷つけられたり、拒否されたりするような側面を含んでいる。カウンセラーに求められる高度な専門性とは、このようなネガティブな側面を極力排除しながら、その人のアイデンティティの価値を促進し、今後の人生により前向きに取り組んでいけるような会話を維持することである。

ここで求められている専門性は、理論の勉強だけではたどりつけず、実践経験を伴う必要がある。そして、その実践をしっかりと振り返る作業も必要不可欠なのである。

〔第3章〕

カウンセリングの会話

奇妙に思われるかもしれないが、今まで臨床心理学領域で、カウンセリングが会話であるとはっきり主張されたことはなかった。たいていの場合カウンセリングにおける会話は、会話それ自体とは区別される何らかの援助的介入を行う道具だと説明されている。しかし、カウンセリングが他の専門的援助と異なるのは、まさに会話それ自体が介入だという点においてである。フリードマン[1]が述べているように、「心理療法は会話であり、セラピストとクライエントの対話を通して新たな意味づけや理解、行為の選択肢が生み出される」。要するに、カウンセラーがクライエントと話すことそれ自体が何かしらの支援となるのである。

――――――――パレ[2]

自分が語りたいことを語る機会

私たちはさまざまな場面で、人の語りを聴く機会がある。そのときに、相手の語りをどのように理解しようとするのだろうか。本章ではそのことについて検討し、カウンセリングにおいてどのような会話が求められるのかを考えてみたい。

まず、自分が話をする側に立って、少し考えてみよう。後述するが、話を聴く立場になると、話をする側としては当然であることが見事に抜け落ちるのである。

私はカウンセリングという場で人の話を聴くことを生業としているが、日常生活においても聴き役に回ることが多い。なぜならば、多くの人が自身について語ることを欲しており、話を聴くことが求められているように感じるからである。

ワークショップなどで自分のことを比較的自由に話すワークをすると、多くの人が水を得た魚のように話し始める。また、何らかの縁で集まった人たちが一緒にお茶や食事をしているような場面においても、多くの人が自分の話す番を今か今かと待ち構えている。このようなことから想像できるのは、人は自分のことを話す機会を求めているのではないか、ということである。

では、やっと巡ってきた機会に自分の話をし始めると、どうなっていくだろうか。順番が回ってきたので、話を始めることはできる。ところが、ほかの人がその話題を受け止めてくれなかったり、短く切り上げられたりして、自分の話がほかの人の話に取って代わられてしまうことがある。この移行プロセスは、たいへん素早くスムーズに進行する。「ところで……」「話は変わるけど……」「そのことで思ったのだけど……」というように、一言付け加えるだけのことである。

このところをもう少ししっかりと見ていこう。ここで私が話題として想定しているのは、何を話したのかすぐに忘れてしまうような世間話のことではない。そうではなく、自分としてはそのことが最近引っかかっていて、誰かにしっかりと話をしてみたいし、真摯な意見を聴いてみたいと思っているようなことである。

あなたは頃合いを見て、「実は、少し話したいことがあるのだけど……」と一応前置きをしてから話し始めるだろう。相手は、まずは聴いてくれることが多いはずである。しかし、その後はどうだろう。十分に話し切って終わる確率は高いだろうか？　相手がどこかで早合点をしてしまったことはないだろうか？　相手は質問をしてくれるが、自分のしたい話から逸れていったことはないだろうか？　自分が十分に納得できない結論にもっていかれたことはないだろうか？　ありきたりなアドバイスをもらって、不本意にもお礼を言って終わりにしてしまったことはないだろうか？　ほかの人が別の話をし始めたので、尻切れトンボの状態で終わってしまったことはないだろうか？

自分の話にしっかりと耳を傾けてくれる人を人生のなかにもてているのであれば、そのことに感謝すべきであろう。じっくりと話を聴いてもらえる機会はそれほど多くないのが普通である。

日常の会話のなかでは大切なことを十分に語ることができない、と恨めしく思う読者もいるかもしれない。または、そのようなことはみなが経験しているはずだし、日常の会話なんてこんなものだと割り切ることもできるだろう。期待するほうが間違っているのだ、と。

どの程度うまく話せるか

それでも、カウンセリングのような場面、またはお互いに真剣に向き合って話をするような場面では、自分の話だけをしっかりとする機会を得ることができる。そのときに、自分の語る能力、つまり、どの程度うまく話せるか、という課題に直面する。

カウンセリングを行っていると、クライアントが途中で、果たして自分のことをうまく説明できているのか心許ない気持ちになり、「わかりますでしょうか？」と尋ねてくることがある。このことから察せられるように、自分の語りに自信がなく、きちんと筋道立てて相手に伝えられていないと感じている人もいるのだ。たぶんそれなりに多く。

ワークショップなどで、カウンセリングのデモンストレーションをすることがある。ふだん対人支援をしている人にクライアント役をしてもらうのであるが、多くの人が、自分の話していることは適切なのか、きちんと話せているのかということがとても気になったと報告してくれる。このことからも、自分の語りに自信をもつことの難しさを察することができる。

読者も自分自身の語りをどのように思うのか、少し立ち止まって考えてほしい。「自分が言いたいことをうまく表現できない」「表現が回りくどい」「話していることが矛盾している」「話が行きつ戻りつしてしまう」「うまい表現を思いつかない」「話が飛んでしまう」「今、どうしてこの話をしているのかよくわからない」「実のところ、どう話をすればいいのかわからない」などはよくあるものと思われるが、もっとほかにもあるだろう。「話を聴いてくれない」と相手に非難の目を向けているうちはいいのだが、自分がどの程度しっかり話ができるかということになると、とたんにトーンダウンして、自信のなさが表面化するのである。

話し手をどのように見なしているのだろうか

ここで話し手の立場を降りて、自分が話を聴く側に立って考えてみよう。相手の話を聴くときに、話し手がどのように語ることができるかと考えることもなく、前提としてしまっている点があるのではないだろうか。そのような前提のいくつかについて検討してみたい。

相手は、自分自身のことを話している。自分のことなのだから、話す内容についてはよく知っているはず、ということを前提にしていないだろうか。話し始めについても同様である。相手は自分の話したいところから話を始めていると思っていないだろうか。実際には、「いきさつをわかってもらわないと十分伝わらない」という考えのために、核心からかなり離れたところを話の起点にすることだってあるはずだ。聴いているほうからすると、回りくどいと感じるような話になる。

カウンセリングの会話のなかで、一時間かけてようやく、クライアントが話したいと思っているところにたどりついたこともあった。何の話なのかよくわからないままに聴いていくと、思いがけないところにつながり、そこから本題が始まったのであった。カウンセリングのように一時間ずっと話を続けることができる場でない限り、その話題に行きつくことはなかったであろう。普通なら、話の途中にある相手の課題や問題に焦点が当たり、そこで立ち止まってしまうのではないだろうか。

また、相手が話を聴いてほしいと言うからには、それなりに考えてきたはずだから、ある程度理路整然と語ることができるはずだ、と期待していないだろうか。理路整然と話せない人の話を聴いて、イライラし始める人の姿が目に浮かぶ。自分自身はどれほどうまく話せるのか心許なくても、他人にはそれを求めることができるのだ。

すべての人に、話し手としての経験がある。そして多くの人は、自分の悩みや問題について話すときに、それほどうまく話せるような気はしないだろう。それにもかかわらず、自分が聴き手に回ったとたん、相手を実にしっかりとした話し手として見なし、そのように語れると期待してしまう。そのため、「本心は何なの？」「本当はどっちにしたいの？」「本当の気持ちを教えて」「単刀直入に話してくれる？」「手短に話せる？」「なんでこんなことしたの？」などと訊けてしまうのだ。このような質問が自分に向けられたら、うまく答えられないことはすぐにわかるであろう。正直な答えは、たぶん「よくわかりません」「うまく言えません」ということだろう。

「本心」を言えるときというのは、考えるのをやめ、そのように言おうとこころに決めたときではないだろうか。それを「本心」にすることにしようと決めたのだ。それが最終的に出てくることはあるかもしれない。しかし、カウンセリングのようにいろいろと考えていく場で、前述のように尋ねて相手に答えさせてしまうということは、「もう考えるのをやめて、さっさと決心しなさい」とほのめかしているようなものではないだろうか。もうあなたの会話に付き合いたくない、と伝わってしまう気もする。

それでも、私たちはどのように語るのだろうか

「よくわかりません」「うまく言えません」では、相手は納得してくれないし、自分の状況がわかってもらえると思えないので、なんとか言葉にしようとする。自分について語るということがどのようなことであるか、考えてみたい。ここで、読者には、話し手の立ち位置に戻ってもらいたい。

私たちは、自分が使えるようになった言語の範囲でしか何かを表現することができない。当然

いうことを言ってしまうこともある。自分よりたくさんの言葉を知っている人はもっとうまく表現するのだろうな、と思うことは多い。でも気の利いた表現や言い回しを知らないので、自分の知っている言葉でこの場を乗り切るしかない。十分に表現できているともうまく言えたとも思えないが、それ以上は望むこともできない。

そのときには、それなりに頑張って考えて話したことは事実かもしれない。しかし、それは、その場で思いついたことであり、たどりついた表現であった。振り返って考えれば、悔やまれたり、取り消したいと思うようなことも含まれている。また、別の表現を後になって考えつくこともある。その場で話したことには、多分に即興的な要素があるということだろう。そのような語りがどの程度自分の気持ちや考えを表現することができたのかは、聴き手には理解できないはずである。たまたま使った言葉も、熟考したうえで言った言葉も、発せられただけでは、その背後にどの程度の厚みがあるものかは伝わらない。

前にも述べたことではあるが、相手の問いにはしっかり答えないといけないという思いから、どのように答えることが必要なのかを考えてから答えてしまうことは多い。つまり、自分のなかから答えとなるものを見つけるのではなく、相手の求めることを話そうとするのである。

また、相手の問いかけや話題によっては、自分がいったい何を考えているのかまったくわからないときがある。それでも何か言わないといけないという思いから、とりあえず当たり障りのないことを言ってしまうこともある。

話してみたいことがぼんやりと見えていないわけではないが、そのことをどのように話してよいのか見当がつかないので、話題にできない。または、話題にしようとしたものの、途中で引っ込めてしまうこともあるだろう。

ところが、今まで何度も何度も、時を変え場所を変えて話してきたストーリーを語る段になると、うまく話せるようになっているところもある。以前にほかの人がわかってくれたという経験があるので、より自信をもって話すことができるのだ。また、人から聞いた事柄についても、比較的しっかりと伝えることができる気がする。なぜなら、自分で理解できたり納得できた人の言葉は、繰り返すことによって、うまく話せるようになっているからである。

語りはどこからきているのか

ここで述べたいことは、相手の語りから出てきた言葉をどのように理解すればよいか、実のところ聴き手だけでは判断できないということである。人の発話を取り上げ、専門家が分析して、解釈することがある。これは実に一方的な解釈である。語られたことの意味は、本人の文脈に照らし合わせて、本人と一緒に確認すべきである。聴き手としては、相手が発する言葉の意味の不確実性を絶えず意識しながら、耳を傾けなければいけない。相手が確証をもって言葉を発しているとは限らない。

カウンセラーのような職に就いていなければ、人の発話にまつわる不確実性に気づくことはなかったと思う。人はもっともらしいことを言うことが多々あるが、それがどの程度その人のなかから出てきたものかはわからない。単にほかで聴いたことをコピーしただけ、ということも往々にしてあるのだ。このことを思想家の内田樹は次のように述べている。[3]

私がことばを語っているときにことばを語っているのは、厳密に言えば、「私」そのものではありません。それは、私が習得した言語規則であり、私が身につけた語彙であり、私が聞き慣れた言い回しであり、私がさきほど読んだ本の一部です。

私が確信をもって他人に意見を陳述している場合、それは「私自身が誰かから聞かされたこと」を繰り返していると思っていただいて、まず間違いありません。

「私の持論」という袋には何でも入るのですが、そこにいちばんたくさん入っているのは実は「他人の持論」です。

「私が誰かから聞かされたこと」は、文章が最後まで出来上がっていますし、イントネーションや緩急のテンポや「ぐっと力を入れる聞かせどころ」も知られています。何より私自身が「それを聞いて納得させられた」という過去があるので、安心して他人に聞かせられます。

ところが、「相手が熟考を重ねたうえでその言葉を発しているとは限らない」と理解することができるにもかかわらず、人が口にした言葉がもたらす影響は実に大きい。「つらい」「苦しい」「死にたい」という言葉が相手から出てくることを想像してほしい。たぶん、ドキッとして、どう対応すべきかと戸惑うだろう。そのようなとき、私は毎度のことながら焦るのである。そして、どのように言葉を返していいのか、冷や汗をかきながら考えるのだ。

そして、もう一つ大切なことを検討しておく必要がある。そのような相手の語りを発動させているのは、実は、話を聴く側の「質問」であるかもしれない、ということだ。「どんなお気持ちですか?」などと訊いてしまったために、相手はそれほどの意味を込めずに、答えを口にしたのかもしれない。ところが、それは言葉どおりの意味合いで私たちに聴こえてしまうのである。言葉とは、たいへん力のあるものだということを理解すべきだろう。

カウンセリングの会話とは

さて、話し手の立場に立ってみれば、自分が語るときの特徴は理解できる。自分が話を聴いてもらうとしたら、このような特徴を聴き手によく理解してほしい、とあなたは願うのではないだろうか。つまり、自分はいろいろと語るのではあるが、それを絶対的なもの、完成されたものとして聴いてほしくはない。ああでもない、こうでもないというところから、その時、その場でなんとか表現できたものとして受け取ってほしいということである。

こうしたことから、カウンセリングにおける会話とはどのようなものであるべきかを考えることができる。それは、とりとめのない話、行き先のない話、結論のない話、確信のない話について、行きつ戻りつしながら、本人の言葉で述べていくプロセスなのではないだろうか。

だいたい、何かしらの問題や課題に悩んでいるときには、その語りが整っているわけがない。もしスラスラと明快に説明される語りに遭遇したとしたら、かなりの確率で、その人はほかの場所でも同じ話をしている。それも何回も。相談という形式ではないかもしれないが、そのことを誰かに語ったことが幾度もあり、リハーサルしているということである。繰り返し話をしてきているために、話がうまくなっている可能性がある。

ここで気づくべきは、そのような話ができるようになったとしても、カウンセリングを申し込んだということは、そうした語りでは依然として本人が望むところに行きついていないということである。すでに完成している語りはどれだけ聴いても、同じところに行きつくしかないのだ。なぜならば、その結論まで含めて話ができあがっているからである。

カウンセリングの会話において、何か新しい気づきや考えに遭遇するためには、慣れ親しんだ語りから離れ、自分のなかで本当に考えていること、思っていることを、これまでとは異なったいろいろな視点から探り、自分の言葉で新しく表現することに取り組む必要がある。再び内田の言葉を引用する。[3]

純正オリジナル、出来たてほやほやの無垢の「私の意見」は、たいていの場合、同じ話がぐるぐる循環し、前後は矛盾し、主語が途中から変わるような、「話している本人も、自分が何を言っているのかよく分かっていない」ような困った文章になります。こういう意見におとなしく耳を傾けてくれる聴衆はなかなかいません。

カウンセリングにおいて、私はこのような語りに真摯に耳を傾けたいのだ。このような語りこそが、その人がみずからの言葉で、自分のことを語るということなのである。理路整然とした語りに含まれる、人から言われたことや解釈されたこと、あるいは、関係しそうな疾患や障害のウェブサイトから引用してきたことではなく、自分の言葉でぽつぽつと語っていくプロセスに、共に取り組んでいきたいのだ。

そこでは、相手が自分のなかから見つけ出してきた言葉が提示される。その言葉がどの程度の意味をもつのか、本人にすらわかっていない場合もあるだろう。カウンセラーが投げかける質問を手にして、今までとは異なった視点から自分の状況を眺め、それについての描写を提示してみるのだ。

そのようなできたてほやほやの描写を、その辞書的意味が表現するような理解に飛びつくのではなく、相手に描写そのものを返して、その言葉の意味を感じてもらう必要がある。「今、このことは、○○と言われましたね……」「今、○○であると言ってみて、どんな感覚がありますかか?」「○○……△△……そうなんですね……」「○○という表現なんですね……言ってみていかがですか?」といったように。自分の発した言葉が相手の口から再び語られて戻ってくるとき、そのことの意味や意義をより深く感じ取れるようになる。

カウンセリングのセッションを、逐語録や録音で振り返ることがある。スーパービジョンのような場で人のセッションを振り返るときに気づくのは、相手の言葉をその言葉の字義どおりに「わかってしまい」、先に進めてしまうことが往々にしてあるということだ。そのようなセッションは、先へ先へと進めようとして、現状の確認程度の話になってしまう。カウンセリングの場が、新しい語りの生まれる場になっていないのである。

相手のできたてほやほやの表現にとどまること。そのことを二人でしっかりと味わい、意味や意義を確認することの大切さについては、いくら強調しても、しすぎることはないと考えている。なぜならば、そのようなプロセスを経てこそ、今までとは異なった新しいストーリーが生まれてくるからである。

「うつ病」の話ではない

本書のなかで、ここまで折りに触れて、たとえばうつ病など、人を苦しめる問題に言及してきた。しかし、自分がこれまでにかかわったうつ病の事例にどのようなものがあったか思い返してみると、意外と少ないことに気づく。なぜだろうと考えてみたところ、次のようなことがあるからではないかと思いあたった。

紹介を受けるときに、たしかにうつ病の診断をもらっている、または、うつ状態にあるクライアントはいる。ところが、その人との面接において、「今日、あなたが自分にとって話すことが大切だと思われるところから、少しずつ話をしてもらっていいでしょうか？」「今日、話してみようと思ったことで、言葉にできるところからでいいので、話してもらっていいでしょうか？」などと問いかけると、話の主題は、専門家や周囲の人が想定するようなものにはならないのである。

クライアントの紹介者や同伴者に、クライアントがカウンセリングで話したことについてフィードバックをする機会がある。たとえば子どもに対するカウンセリングで、保護者にフィードバックをする。私は、保護者に後で説明しなければいけないことがあらかじめわかっていれば、どこまでなら伝えていいか、伝えないでほしいことは何かを、子どもに確認することにしている。興味深いことに、スクールカウンセリングにおいて、多くの子どもは「すべて伝えていいです」と答えてくれる。全員がそうでないことは強調しておきたいが、それでも、多くの子どもは、私が保護者や教員にすべて話す許可をくれるのである。ここで大切なのは、子どもに隠し立てすることなく、本人の意向を確認するということである。これを透明性(Transparency)という。この姿勢は、私が実践で最も重要視しているところである。

少し話がそれたが、カウンセリングの会話の具体的な内容ではなく、そこで話し合った主題をクライアントにかかわる人に伝えたとき、意外に思われることが少なからずある。人によっては、私がカウンセリングで肝心なことを扱えなかったと思うこともあるかもしれない。

しかし、それについて話すことが、そのクライアントにとって大切なことだったのだ。カウンセリングの会話においては、たとえば「うつ病」というような一般的な名称をめぐっての語りではなく、その人の人生に起こっていることを、本人の視点から、本人の言葉で、少しずつ語っていくのである。

それは、「うつ病からどのように回復すればよいのか」といったことを直接話すようなものではないかもしれない。しかし、その人の人生において、それは切実な話なのである。そして、「うつ病」の話ではなく、本人にとって大切な何かを話すことは、この先につながる。

うつ病を治療しようとして、うつ病の治療方法を探している専門家は数多くいると思う。そのような姿勢は、うつ病についての話をする方向に私たちを誘導し、目の前の人が本当にしたい話に耳を傾けることから、私たちを遠ざけるのではないだろうか。

うつ病からの回復は、うつ病について、またはそこからの回復について直接語り合うことから得られると私たちは考えがちである。ところが、人生において起こっている重要なことを本人の視点から語ってもらい、それについて話し合うことで、さまざまな可能性が見えてくる。そのことによって結果的に回復が生じるということも、十分考慮すべきだろう。

このようなことを考えるとき、自分自身への戒めとして、次のハーレーン・アンダーソンとハロルド・グーリシャンの文章を思い出すのである。[4]「妄想型分裂病」と診断され、何度も入退院を繰り返していた男性の語った言葉である。

あなたたち専門家はいつも僕を調べようとする。僕と話し合う方法を探すのではなく、あなたたちにわかっていることを僕がわかるかどうか調べるんだ。「これは灰皿ですか」と、僕がわかるかどうか質問する。まるで、あなたたちにわかることが僕にもわかるかを試したいかのように。……しかし、それは、僕を一層怯えさせ不安にさせるだけだった。もし、あなたたちが、僕がどれほど怯えているかをわかって話してくれていたら。どうしてそんなに気が狂ってしまわなければならないか理解してくれていたら、僕は、この人生を脅かすような不安に対抗できるぐらい、もっと強くなれていたと思う。……そうすれば、一緒に、あの〈狂った元帥〉をやっつけることができたかもしれない。

〔第4章〕

カウンセラーの立つ場所

——社会、文化、そして言語

人は何か解決すべき問題に直面したとき、それをただありのままに見ているわけではない。たとえば、ある病気が治療を要するものかどうかは、目の前の状態よりもその病気についての知識に左右される。つまり、われわれは、それまでの人生で得てきた体験を通して物事を見ている。ここで大切なのは、われわれがそうした見方を正当化する言葉をもっていること、さらに、何が見えたのかを記述し説明する語彙をもっていることである。こうして、人は、あらかじめ用意された理解の方法をもって人生のさまざまな局面に臨み、何を問題とすべきかを知る。

——マクナミー、ガーゲン[1]

記号表現と記号内容

この章では、私たちが話を聴くとき、または何らかの発言をするときに、自分の属している社会、文化、そして言語が常に作用しているということを述べてみたい。これは、カウンセラーに中立的な立ち位置はないことを意味する。

カウンセリングの場で、私たちは相手の話をどのように聴いたらよいのだろうか。

これについて、何ごとも判断せずに、こころを白紙にして聴くのだ、といわれることがある。単刀直入にいうが、そんなことはできないし、そんなところを目指すべきではない。

私たち日本語話者は、日本語で思考し、日本語でコミュニケーションをとる。一口に日本語といっても、年代、教育、そして言語能力によって、その使い方はさまざまである。ほかの言語であっても同じことがいえるだろう。私たちが周りにある空気を意識しないように、言語は私たちのさまざまな認知や思考の基盤としてあるが、それを意識することはない。それが当然のものとして存在するために、その特徴や制約について考えることができるとさえ思えない。

フェルディナン・ド・ソシュールは、言葉を、ものを指し示す「記号表現」と、それが意味する「記号内容」とに分けて考えた[2]。

具体的な例で考えてみよう。日本語において、「米」はその穀物が生の状態を指し、「ごはん」

は調理された状態を指す。英語の rice にこの区別はない。日本語話者は、「米」と「ごはん」は別のものであるから、それぞれに名前がついているのが当然であると思う。しかし、英語話者にとって、生の「米」と調理された「ごはん」とを区別するような概念はない。

「米」と「ごはん」を区別するためには、その二つを別のものとして捉えている必要がある。このような区別が生じるのは、日本文化が長年かけて培ってきた歴史的背景があるためだ。日本では歴史的に、米は主食であり、通貨でもあった。米とごはんを分ける必要が生じたのも理解できないではない。一方、ヨーロッパにおいて、米は一つの穀物(シリアル)にすぎない。歴史が違うのだ。

ここで私は、日本人にとって「米」と「ごはん」は大切なものだ、ということを述べようとしているのではない。言葉でものごとを表現すると、その言語が培ってきた文化固有の意味をも含むことになる、ということが言いたいのである。

もう一つ、注意が必要なのは、日本語では「米/ごはん」でなければならないと感じるかもしれないが、そこに必然性はないということである。記号内容に対して与えられる記号表現、つまりものごとを指し示す言葉は、別のものに変化していく可能性がある。実際のところ、現在の日本では、お店で「ごはん」を注文するときに「ライス」と言うのは普通のことになってきている。この先も、同じものを指すのに、別の言語から輸入した別の言葉を使うようになるかもしれないし、若い人たちが何らかの新しい表現を作り上げていくかもしれない。いずれにせよ、どのような記号表現が使われるようになろうとも、それは依然として同じ記号内容を表すことができるのである。

言葉に付随する意味

また言葉は、単にものごとを名指して示すだけではない。相手に対して、何かを感じるように、何かをするように示唆するものでもある。

ジョン・オースティンは、発話とは行為であると述べる。発せられた言葉は相手に何らかの行為をするように促すのである。[3]

たとえば、「おなかが空いた」と誰かに言ったとする。それは、単に「自分はおなかが空いている」ということを表すだけではない。それを聞いた人は、食事を用意しないといけないのでは、と感じるだろう。「おなかが空いた」と言った側も、単に空腹であるという自分の状態を表明しただけではなく、こころの片隅に「早く食事がしたい」という気持ちがあったはずである。

私たちはときに、「自分としてはただ何気なく言った言葉なのに、あの人はどうしてそんなに怒るのだろう」と不思議に思うことがある。言葉には、それに付随して、相手に伝わるところがあるのだ。その付随するものに気づいていないと、相手の怒りや不満などを誘発することにもなる。

このような例はいくらでも思いつく。夫婦間で「今日のおかずは一つなんだね」と言ったら、「一つしかないんだね、少し手を抜いた？」と相手に伝わる可能性がある。また、「子どもに習いごとをさせたいんだけど」と言った場合、「お金が必要だからもっと稼いでほしい」と伝わる可能性がある。どのような意味を伴っていくのかは、まったくもって、その会話が行われた文脈に依存する。人によっても受け取り方が変わるので難しいが、このような側面があるということには十分気づいておく必要がある。

そして、日本人のコミュニケーションは、この付随するところが暗に伝わるのを願っているかのようである。そのため、言い方が間接的となる。話し手は、自分が遠回しにしか伝えていないにもかかわらず、相手がそのことをわかってくれないと失望したり、怒りを覚えたりする。聴き手のほうは、相手が本当は何が言いたいのかわからなかったりする。話し手として、自分の発した言葉が付随的に意味してしまうことに注意を向ける必要があるのだが、その付随する意味が当然伝わるはずだと思ってもいけないのである。

言葉を発するごとに何らかの立場を表明してしまう

言葉を発することについて、もう少し考えていこう。

日本語は日本文化固有の歴史的な含みをもっているわけであるが、その含みを相手に伝えたくないときがある。それによって相手に不快感を与えたり、相手をある立場や役割につかせるよう示唆することにつながるような場合である。

具体的に見てみよう。

日本語には「夫」「妻」という呼称がある。私たちは、自分の妻（夫）について述べるとき、「私の妻（夫）は……」と表現することができる。ところが、相手の妻（夫）について述べるとき、「あなたの妻（夫）は……」という言い方は、会話において少し言いにくさがある。そこで、丁寧な言葉遣いをしたくなる。しかし、「夫さん」「妻さん」というのはほとんど聞かないような表現なので、「あなたの奥さんは……」または「ご主人（旦那さん）は……」と言ってしまうのである。

「あなたの主人（マスター）はどう考えているのか」という妻への問いかけがどんなことを示唆しうるかは、語源を調べるまでもなく明らかであろう。何ごとかの権限が「主人」にあると、暗に伝えてしまう可能性がある。また、「あなたの奥さんはどう考えているのか」という表現は、あなたの家の「奥にいる人」はその件についてどう思っているのか、と伝えてしまうかもしれない。「奥にいる人」という表現からは、奥に引っ込んでいて発言権のない存在、あるいは、「大奥」という言葉から想像できるように、陰で糸を引いている存在が連想されることもある。

このようなことは考えすぎだと思うだろうか？　経験からいえることだが、クライアントのなかには、こうした言葉遣いを非常に気にする人がいるのだ。そのようなクライアントに対して、こうした言葉を何気なく使うことによって、最初の関係性をつくることすらできなくなる場合がある。

実際のところ、クライアントのなかには、以前にカウンセリングを受けたときにカウンセラーが何気なく使った言葉が暗に示唆するところによって、憤慨した、傷ついたと伝えてくれる人がいる。私たちが言葉を発するときには、実に多くのことを相手にほのめかしてしまうのだ。

「妻」と「夫」の例に戻ると、英語では、この点は比較的容易に表現することができる。相手の妻や夫をwifeやhusbandと普通に言うことができるし、結婚していなければpartnerという言葉がある。パートナーという言葉は、日本語でも使われるようになってきているであろう。日本語では中立的な表現として「連れ合い」という言い方もある。これは、自分の妻／夫に対しても、相手の妻／夫に対しても使える。ただ、日常の会話のなかであまり使われていないので、違和感が残る。妻や夫を伝統的な価値観や位置づけを含めることなく示す表現が日本語ではまだ成熟していないということであろう。

カウンセリングの場で相手の話をしっかりと聴くことの大切さは、耳にたこができるほどいわれてきたであろう。ところが、ここで問題にしているのは、私たちがどんな言葉を使うかということである。カウンセラーであれば、聴くことのトレーニングは受けてきたかもしれない。しかし、クライアントと関係性をつくり、共に取り組んでいくためには、相手にどのように言葉を返していくか、どのように質問していくかという、自分たちが使用する言葉について検討し、訓練していく必要があるということだ。

カウンセリングでどのような話を聴くことができるのかは、私たちがどのような言葉を使うかにかかっているのである。つまり、私たちの言葉そのものが、カウンセリングの方向性を担っている。

スーパービジョンのような場でカウンセリングの逐語録を検討すると、クライアントのある語りが、クライアントがみずから発したのではなく、カウンセラーの言葉かけが誘導していることに気づくことがある。カウンセリングをよりよいものにしたいのであれば、自分自身の使っている言葉をじっくりと振り返る必要があるだろう。

中立的な立ち位置はない

私はなぜ、先の例でいえば、「主人」や「奥さん」という言葉を使いたくないのだろうか。それは、社会文化的に維持されている規範や価値観を、自分の言葉のなかで、そして、自分が提供する会話の場において、再生産したくないからである。この考えは、中立的な立ち位置につこうという姿勢からは出てこない。

カウンセリングの場では、多くの場合、世の中で当然とされることができないということ、または、「普通」の状態にないということで悩む人たちと会うことになる。そのような人たちは、私たちが暮らす社会や文化が維持している「あたりまえ」に苦しんでいるのである。

そうした人たちにとって、「あたりまえ」ができるようになること、「あたりまえ」の状態になることが、取り組むべき課題であり、主訴として表明されることになる。それは、たしかにその人から表明されたことであり、本人がそうしたいと思っていることではあるだろう。

ここで、私たちが社会文化的な存在であるということを念頭に置くと、当事者の意向に別の視点を組み入れることができる。それは、私たちが暮らす社会文化において当然とされるものが、人々をそのように思わせているという視点である。

たとえば、女性には母性があるので、女らしく、料理ができて、子どもを産むことに価値がある、一方で男性は父性があるので、男らしく、弱音を吐くことなく、外でお金を稼いでくることに価値がある、というような考え方がある。ほかにもさまざまな「あたりまえ」がこの世の中に存在する。

たとえクライアントが何らかの「あたりまえのこと」ができるようになりたいと表明したとしても、それをそのまま受け入れるならば、それは社会文化に存在する「あたりまえ」を支持することになる。「私はもっと女性（男性）としてあたりまえのことができるようになりたいのです」という訴えに対して、「そうなんですね。では、そうできるように頑張りましょう」と返すことによって、「あたりまえ」に与してしまうのだ。

繰り返す。単に「あたりまえの考え方」を受容するということは、「その人」を受容しているのではなく、その人にそう思わせている「常識」を受容することになる可能性があるのだ。それでは、中立的な立ち位置とはいえるはずもない。

そのような常識を受け入れたくないと思い、「主人」や「奥さん」などの言葉を使わないという立場をとるとしよう。この立場は、明らかに中立的な立ち位置ではない。自分が立ちたい場所が明確にあるからである。このように見ていくと、どのような価値観にも与しないような中立的な立ち位置はないということがわかる。私たちが言葉を発するたびに、その表現には常に文化的な含みが入り込んでしまうからである。

私がカウンセリングをしていて恐れるのは、自分が当然とするところを、深く考えることなく扱うことによって、社会に存在する「あたりまえ」をクライアントとの会話のなかで再生産してしまい、クライアントをエンパワーするどころか、社会的弱者として位置づけ続けてしまうことである。

『もうこの年だし』

ここで、あるカウンセリングの会話を紹介しよう。この会話は、『ナラティヴ・セラピーの会話術』[4]という本にも収録したものである。対人支援の仕事を始めてまもない夏美さん(仮名)は、「小さなことにクヨクヨしてしまう」という悩みを語り始める。

夏美さん：はい。ええと……、小さいことに気を取られてしまって、それでちょっとクヨクヨして、次のステップに進むのに、こう、気持ちの切り替えがへたくそ……だなあと、昔からだったんですけど、こういう仕事もしているので、いい加減上手になってもらわないと困るなあと思いながらも、やっぱりへたくそで、周りから自分がどう思われているのかとか、今自分が言った言葉を人がどう感じているのかとか、逆に、人から言われた言葉の意味とかを、ちょっと考えすぎて、ひとりでクヨクヨしちゃう。もうこの年だし、もうそろそろ、上手に切り替えができたらいいなと……思っているところです。

国重：今、話を聞いて、まあ、いくつかあるのですが……、この年、まずこの年になったら変えなくちゃいけないというのは、考えとしてどこかにあるのですか？

夏美さん：あの……、子どもの頃見ていた、その二六、七のお姉さんというのが、すごく大人に思えてたのに、いざ自分がその年齢に達した時に、なんか中学校の時に思っていたようなこととかを、今だに思っていたりするっていう……、あまり変わっていないなと……。

国重：なるほど。

夏美さん：成長しないな～私って、というところで、なんか、そのような自分がいて、ほかの人は同じ年の子でもそのようにみえない、大人にみえるから、自分は子どもっぽいな～と。

国重：なるほど。

夏美さん：そういう切り替えも上手そうにみえるんですよ。だから、私って、まだまだかなって、思うんですよ。

最初の語りのなかで、「小さいことに気を取られてクヨクヨする」「次のステップに進むのに、気持ちの切り替えがへたくそ」と表現されている。そしてこのようなことは、ある年齢になったらひとりで「上手にできる」ようになるものであると、夏美さんが考えているということがわかるであろう。さらに引き続く語りのなかで、「子どもの頃見ていた、その二六、七のお姉さん」が、夏美さんの考え方に影響していることを知ることができる。

ここで私は、スイスの心理学者ジャン・ピアジェに代表されるような、人間は年齢ごとに発達段階が決まっているという立場をとっていない。そうではなく、ロシアの心理学者レフ・ヴィゴツキーの考え方により影響を受けている。そのため、ある年齢になれば特定のことができるようになるものだという考え方については、立ち止まって考えたくなるのである。

ある年齢になったら特定のことができるようになるということは、すべての人に当てはまる真理ではなく、ほかのさまざまな要因が絡み合うような、文脈に依存している出来事なのではないかということを、夏美さんと一緒にここで検討してみたかった。そしてそれが真理ではないとすれば、ほかにどのような解釈の余地があるのかということを検討してみたかった。

このような姿勢は、「受容」や「共感」を基盤とするアプローチではあまり推奨されないのかもしれない。しかし、そのようなアプローチでも、何を聴き、何を聴かないかということは、聴き手の意図、信条、価値観に大きく影響を受けている。そして私は、影響を受けていることをできる限り意識しながら、カウンセリングに取り組みたいのだ。それは、中立的なところを目指すのではなく、自分の立っている位置に気づきながら、相手と対話することである。「子どもの頃見ていた、その二六、七のお姉さん」に対する見方は、中学生という立場から見た「外からの意味づけ」である。一方で、同じ年頃の夏美さんに対する見方は、自分自身による「内からの意味づけ」である。そのようなことをなんとなく感じ取っていた私は、「その見方というのは、夏美さんに対する見方というのは、自分で自分を見る見方と、ほかの人が夏美さんを見る見方と一致しているのですか？」と問いかける。すると夏美さんは、外からは「結構、おちゃらけたところがあるんだね、みたいな、おもしろいんだね、とか、というようなふうに、関係が深まると言ってくれる方もいます」と答えるのである。

夏美さん：（少しの間）ああ……、そういうふうに見ててもらえたらいいですけど、自分がそれをできているのか……、顔の表情とかですよね？ あと、態度……、落ち着きがなかったりとか……。
国重：はい。
夏美さん：そういうのを……、自分は自分なので見れないわけですよね。だから……、そこら辺はどうなのかな？
国重：じゃ今の可能性で……、ええと……、夏美さんがちっちゃい頃見た、二〇真ん中ぐらいのお姉さんのイメージってありますよ？　今、その子たちが、夏美さんを見たら、どんなふうに見えますか？　やっぱり、あのときのお姉ちゃんのように映る可能性ってあるんだろうか？

夏美さん：ああ……（少しの間）、どうなんでしょうね……（少しの間）、（笑いがもれ）聞いてみたい。

ここまでのやりとりにおいて、自分自身に対する見方は、他者の見方とは異なるものであるということが明らかになった。

仮に私たちが、ある年齢になったら特定のことができないといけないという考えを何の疑いもなく受け入れてしまったとしよう。そうすると夏美さんは、その年齢になったにもかかわらず特定のことができないので、そこに取り組む必要性があるとより強く感じていくだろう。つまり、夏美さんには不十分なところがあるということが前面に押し出されてしまうのである。この方向性では、カウンセリングが欠点を修正する場として機能するようになり、クライアントをエンパワーする側面は背後に退いてしまいかねない。

「ある年齢になったら特定のことができないといけない」という考え方は、夏美さんの内側に、外部の要因とは切り離された固有の特徴が内在しているという発想に基づいている。これを個人主義的心理学と呼ぶが、ポスト構造主義や社会構成主義の文脈では、痛烈な批判が向けられているところである。

個人主義から離れること

社会文化的に維持されている価値観をただ受け入れてしまうことによって、さまざまなことが抑圧されていく。たとえば、「あたりまえ」ができないと思わされることによってどれほど苦しんできたのか、自分自身のどのような側面を見ることができないままになっていたのかについて、語る余地がなくなっていくのだ。

心理学という領域では、歴史的に、あまりにも個人に焦点が当てられすぎているということが、ほかの分野から指摘されるようになった。心理学は、性格や発達をめぐる「正常」とされるあり方、こころの病のような「異常」とされるあり方が、個人のなかに存在するという記述を繰り返してきた。そのため、そこで培われた言語を使う限りにおいて、クライアントの内側に異常が存在することになっていく。

あるいは、初期の家族療法では、家族のなかに異常が存在するという見方をしていた。したがって、その時期の家族療法の内部にとどまっていれば、私たちが語る言葉は「家族が問題である」ことをほのめかしていく。

文章としては少し難しいが、個人主義な見方に対して異論を投げかけるときにたいへんよく引用されているギアーツの言葉を紹介しよう[5]。

閉じていて、独特、おおよそ統合された動機と認知を有する存在であり、独自の統一体として社会や自然の背景と対立する、意識、感情、判断、行動の動的な中心とみなす、西洋における人の概念は、けっして変化するようには見えないが、世界の文化という文脈から見ると、大変奇妙なものである。

心理学の領域では、リサーチそのものが、ある特定の社会文化的な前提を無条件に受け入れてしまっている。何らかの障害、疾患、特質がその人のなかにあるという個人主義的見方である。日本の歴史からすれば、このような個人主義的なものの見方は比較的新しい。かつての日本には、「自己」という概念すらなかったのだ。そうであれば、個人主義的な考え方ができたはずもないことは想像できる。

ところが、近代になって、この個人主義的な考え方は、研究において隅々まで行きわたってきた。今やそれ以外の考え方では研究はしにくいし、エビデンスとして認められることもない。社会や文化からの影響に無頓着なまま積み上げられてきた言語を変化させるべく、私たちは取り組んでいく必要があるのであろう。この領域で培われた言葉は分析的で解釈的なので、何かをうまく説明してくれるように見える。しかし、その言語を使い続ける限り、「おまえが問題だ」

ということを常に相手に押しつけていくことになるのだ。

科学的に証明されたエビデンス

科学的に証明されたエビデンスに基づいた治療を行っていくという指針は、実に響きがよいものである。何かすごく正当なことをしている気持ちにさせてくれる。

ここまで、私たちが思考の前提としている言語がどのようなものであるかについて述べてきた。私たちの思考は、言語を基盤としている。そして、言語そのものに取り組んでいくことは、実に容易ではない。

「科学的に証明されたエビデンス」が基盤としているもの、それは、個人のなかに障害や疾患が存在するという発想である。そこでは、社会的な要因、文化的な要因、経済的な要因を汲み取ろうとしても、結局は、障害や疾患が個人のなかにあるという見方を離れることができない。しかし、その前提が疑問視されるやいなや、すべてのエビデンスは信頼性を失うことになりかねないのである。また、科学的に証明するというプロセス自体も、さまざまな点で問題を孕んでいる。

統合失調症に対する治療成績がほかのどのような「科学的に証明されたエビデンスのある治療法」よりも優れていることで一躍有名になったアプローチに、第2章でも触れた「オープンダイアローグ」がある。このアプローチは、科学的に証明されたエビデンスを積み重ねることによって作り上げられたものではない。それどころか、現在の科学的な証明のプロセスは、このアプローチをうまく扱えないのだ。

心理社会的領域においても科学的知識は劇的に増え、ますます重要視されるようになっている。実践の妥当性にも科学的根拠が求められている。（中略）精神医学の専門誌には、実験的なセッティングで行われた研究しか掲載されない。ソーシャルワークですら、因果関係のはっきりした研究ばかりが求められる。精神医学で実験的研究デザインを造ろうとすれば、単一の作用係数に切り分けられる治療モデルで行わなければならない。こうして、たとえば生物学的条件のように、扱われる問題が一義的に決定されるような問題についての研究ばかりが発表される。（中略）心理的・社会的危機が増え、それに対してさまざまな治療の可能性も増えているが、かたやその研究についてはたったひとつの研究方法しか認められなくなってしまっているのである。（セイックラ、アーンキル[6]）

科学的に証明されたエビデンスとは、人間という非常に多様な存在に対して、一つの要因を特定して、その要因だけを研究することによって得られるものである。そのような視点から得られたものに全幅の信頼を寄せ、人間に対して用いることはできない。そう考えるのは私だけではないであろう。

どんなに優れていると証明された手法であっても、使う人が異なれば、効果も結果も異なってくる。そんな「あたりまえのこと」が、科学的に証明されたエビデンスには組み込まれていないのだ。

それでは何を根拠にして、カウンセリングに取り組めばよいのだろうか。それを方針として述べることは、それほど難しくない。どんな「常識」があろうとも、どんな科学的知識があろうとも、その人自身に向き合って、会話を進めていくということである。

人と言葉を交わすことを基盤とするカウンセリングという心理的支援の方法は、まさしく会話として始まった。しかし、科学的なエビデンスを基盤として、画一的な手法を目指してしまったために、その豊かさが失われることになったのではないだろうか。そして、社会、文化、言語という今まで考慮してこなかった要因に光を当てることによって、私たちはまた再び会話の重要性に気づくことができる。そう、カウンセリングは、会話なのである。

〔第5章〕

カウンセリングと言葉

言語における言葉の中立的、辞書的定義は、言葉の共通した特徴を確定し、その言語の話し手すべてがそれぞれ理解し合うことを保証するが、生きた対話のコミュニケーションにおける言葉の使用は、本質的に、常に個人的で文脈的なものである。（中略）言葉は何かを表現するが、その表現された何かはその言葉に内在するものではない。

——バフチン[1]

コミュニケーションにおける非言語的な側面

この章では、「言葉の意味」と、「ものごとの程度は言葉では伝わらない」ということについて考えてみたい。

コミュニケーションにおいて、言語的な側面と同様、非言語的な側面の重要性は、いくらでも強調することができる。同じ言葉でも、どのような口調で言われたのか、どのような態度で言われたのかによって、相手に伝わるニュアンスは異なる。つまるところ、言語的側面と非言語的側面は、切り離せるものではないのであろう。すべての発せられた言葉は、非言語的な側面も伴って相手に伝わっていく。

あるクライアントは、話し手の声の質が、聴く際の大切な要素であると教えてくれた。また別のクライアントは、小学校時代、不登校傾向にあったためにプレイセラピーを受けたときの話をしてくれた。セラピストは、「一緒に遊ぼう」と言いながら、その目は「遊びたい」ということをまったく伝えていなかった。当時小学生だったその人は、セラピストの目に怯えたという。

また、言語なのか非言語なのか、区別するのが難しいものもある。それは人が語るときに、聴き手がうなずきという仕草を伴いながら、何らかの音を発する場合である。「はい」「うん」「そう」「ああ」「なるほど」といった実際の発話として表記できるようなものもあるが、表記できるほどのものになっていない場合もある。それは、私たちが息を吐くこと・止めることのようなものかもしれない。

以前、あるワークショップの場でカウンセリングのデモンストレーションをしたとき、クライアント役を務めた人は、質問を受けてから非常に長く考えたうえで答えていた。四〇人ほどがカウンセリングのやりとりを見守っていたのであるが、その人が長考の後、答え始めると、それまで息を殺して見守っていた聴衆が一気に呼吸を再開するのがよくわかった。自分も普段このように息をしながら相手に向き合っているということに気づくことができた。

またあるとき、私の話の聴き手となってくれた人は、「それで」「それから」などの相槌を口にしながら話を聴いてくれた。私はその相槌に、たびたび話の流れを止められるように感じた。この人の相槌がどうしてこれほど自分の語りをギクシャクさせるのだろうかと考えてみたところ、そのタイミングがあまりよくなかったのではないかと思い当たった。私の語りの合間ではなく、私がまさしく言葉を発するというタイミングで何らかの相槌が打たれるので、話し始めがさえぎられたようであった。つまり、やりとりの間合いというものも重要な要素となるのであろう。

ここまで、コミュニケーションにおける非言語的な側面の重要性を確認してきた。この重要性を十分に認識しつつ、ここからは言語的な側面について検討していきたい。非言語的な側面はたしかに重要であるが、私たちが使う言葉は非常に具体的な意味をもって相手に伝わるので、しっかりと検討する必要がある。それは、発せられる言葉とはどのようなものか、ということである。

言葉の意味の不確定性

言葉についてはさまざまな論点があるが、ここですべてを網羅することはできない。ここでは、言葉の意味は、辞書的定義から理解できるような確定したものではなく、常に文脈に依存し、また話し手の個別性に依存するものであること、つまり、言葉の意味の不確定性について述べることにする。

私たちは、この世に生を享けた時点から、言葉を語りかけられ、その言葉が作り出す世界のなかに身を置くようになる。もし生まれたときから言葉を受け取ることがなかったとすれば、私たちが見る世界のあり方はまったく異なっているだろう。つまり、私たちが見る世界は言葉が形作っている。

言葉の意味は、その言語圏に属する人々にとって、大まかなところでは一致しているといっていい。言葉の意味は常に流動的に変化しているのではなく、だいたいは固定されているということである。言葉の辞書的な意味に合意することは可能である。そして、言葉が意味することをきちんと理解しようとする姿勢は、言語能力を発展させていくうえでも、成熟した話し手または書き手になるうえでも大切になる。

ところが、その意味も時代とともに変動する余地がある。たとえば最近は食べ物に関して「やばい」と表現することがあるようだが、これはこの「やばい」という言葉がときに「美味しい」という意味を含むようになってきているからである。私が若い頃は、「やばい」をこのように使うことはなかった。こうした言葉の意味の変動は、ほかにもたくさん見出すことができるだろう。これは、本来の意味とは違う「言葉の乱れ」として懸念されることもあるが、言語はその使われ方によって成り立っているので、「やばい」も定着すれば正しいものとして扱われるようになる。過去においても、新しい言葉の意味が出現したときにはそれなりの抵抗を伴ったはずであるが、長年使われると、それが正しいものとしての地位を獲得するのだ。

ところが、ここが言葉の興味深い特徴なのであるが、言葉の意味とはその都度変わるものでもある。同じ言葉でありながらも、人によって、あるいは状況によって、その意味するところが変わってしまう。

この端的な例は皮肉である。相手の行動や発言が気に入らないときに、その行動や発言を、よいことのように伝えて皮肉ることができる。たとえば遅刻してきた人に対して、「いつも早いね」と言うようなことである。この「早いね」は、「早い」というその言葉の辞書的な意味合いを伝えない。辞書的に限定された意味でしか言葉を使ってはいけないのであれば、私たちは「いつも遅刻してばかりだね」という言い方しかできないはずだ。ところが、言葉というものは、皮肉のような使い方を許してくれる。こうしたひねった使い方をする場合の「意味」は、辞書に載せることができない。

また、教育や研修のような場面で、「自主性」や「主体性」といった目標が掲げられることが稀ではない。日本文化のなかでこうした言葉が意味することは興味深い。たとえば学校教育において、「自主性」とか「主体性」といった言葉に、授業のカリキュラムや学校の風習を超えて自分で工夫しながら学んでよい、という意味は含まれていない。あるいは企業活動において、「リーダーシップ」という言葉に、会社の階層構造や慣習を超えて自分の力を発揮してよい、という意味は含まれないことが多いだろう。

私たちが生きていくうえでやっかいに感じるのは、言葉の辞書的定義だけでは理解できない部分なのである。「自主性」「主体性」「リーダーシップ」といった言葉が暗に意味するのは、「その場に応じて加減してやってね」「あまり根本的なことは変えないでね」「あなたが自分でするのはいいけど、その余波がこちらに来ないようにしてね」などであろう。つまり、「自分に許された範囲内で、できるだけ頑張ってね」という感じなのではないだろうか。この「暗に意味すること」を超えて何かをし始めると、手の平を返したような対応が待っている。このような暗黙の意味を含むものは、本当に「自主性」「主体性」「リーダーシップ」なのだろうかと私は皮肉りたくなる。

さて、本書はカウンセリングがテーマなので、カウンセリングの場面において、以上のことが何を示唆しているかについて検討していきたい。

言葉は「程度」を正確に伝えられない

カウンセリングをこれから学ぼうとしている人に、最優先に伝えたいことがある。それは、私たちが用いる言葉は、ものごとの「程度」を正確に伝えることができない、ということである。

たとえば話し手が、「大切な人を失って悲しい」ということを私たちに伝えたとしよう。その悲しみの深さや悲しみの様相を、「悲しい」という言葉だけで伝えることはできない。それは、たしかに嬉しいことではなく、ホッとしたことでもなく、「悲しい」という方向性を伴う経験であることは伝えてくれる。それでも、このことを語った人が「どの程度」悲しいのかについては、聴き手には正確にわからないのである。

「悲しい」という言葉に、考えられる限りの修飾語、たとえば「本当に」「心底」「死にたいほど」などをつけることによって、その程度を補足することはできる。しかし、それは話し手の言葉の使い方の特徴かもしれないので、その悲しみの程度は正確には伝わらない。

この点を、異なる文化圏に住む人々の表現を比較して、もう少し見ていこう。

ラテン系の文化圏では、日本人の感覚に照らし合わせると、表現がかなり大げさに感じられることがある。たとえば、何か世話をしてもらったときに、それは「今までの人生のなかで最も嬉しいことであった」というようなことを、両手を広げてハグし、満面の笑みを浮かべて相手に伝える。逆に、何か不本意なことがあると、公衆の面前でも、顔を真っ赤にして、大きな身振り手振りでその怒りを表現する。日本人としての私は、その表現の大きさに戸惑うのである。それは、その人たちがそのような言葉や仕草によって、どの程度の感情や思いを伝えようとしているのか、よくわからないからである。表現された言葉の辞書的意味だけで理解できるとは思えないのだ。

逆に、表現が控えめな人々について考えてみよう。自分の身に起こった出来事について、それがどんなにつらいことでも、どんなにひどいことでも、そのことを淡々と語ったり、「人生とはそんなものだよ」というような語り口で表現する人がいる。たとえば、大切な人を失ったこと、失恋したこと、挫折したことなどを、聴き手の私たちが容易に想像できる大変さどおりには表現してくれないのである。

東日本大震災が起こった後、私は、宮城県気仙沼に、断続的ではあるが二年間ほど滞在して支援活動を行った。東日本大震災で何が起こったのか、どれほどのことが起こったのかについては、読者も多くのことが想像できるだろう。被災地で多くの人に語りかけ、または語りかけてもらい、いろいろな話を聴くことができた。しかしその話は、東日本大震災という出来事の「程度」から想像できるようなものではなかった。このときの体験は『震災被災地で心理援助職に何ができるのか？』[2]という書籍にまとめたので、興味のある方は読んでみてほしい。

ここで伝えたいのは、たとえば「つらい」「苦しい」「死にたい」などのような言葉は、カウンセリングのなかでしっかりと扱う必要のある大切な表明ではあるのだが、それが「どの程度」のことかについて、言葉だけでは伝えられないということである。「たいへん苦しい」「死ぬほどつらい」などとしたところで、事態は変わらない。先ほど文化の比較で示したように、大げさに表現する文化圏で聞かれる「死ぬほどつらい」と、控えめに表現する文化圏で聞かれる「人生そんなものだよ」という言葉では、どちらがつらいのか、私たちは比較できないのだ。なぜならば、そのつらさの程度は言葉に内在しておらず、言葉によっては相手に伝えることができないからである。

控えめにしか表現しない人が経験しているつらさや悲しみの深さを、聴き手として感じ取ることができる場合もあるだろう。その感情の深さに触れることができたと感じたとき、私たちは、その人の人生経験に強く共感することになる。

自閉スペクトラム症からの示唆

自閉スペクトラム症（Autism Spectrum Disorder：ＡＳＤ）のことを学んでいくと、「感覚過敏」について理解できるようになる。

感覚過敏とは、一般の人よりも感覚に関して敏感だということである。聴覚であれば、雑音や人の声がとてもうるさく感じられるので、何かに集中するのが難しくなる。視覚であれば、たとえば視野のなかに余分な文字情報があると、授業中などにそちらに気を取られてしまう。夜、電子機器のＬＥＤが光っているのが気になって眠れなかったりもする。味覚であれば、たとえば辛みに非常に敏感で、寿司職人がわさびを触った後で、さび抜きの寿司を握ったらわかってしまう。触覚であれば、ある種の感触に夢中になってしまうことがある反面、決して触りたくないと思うようなものがあったりする。

この領域について学んでいくと、こうした類いのエピソードに数多く出会う。これは、ＡＳＤと診断されたすべての人がもっているものではないし、感覚過敏がある人もすべての感覚において敏感であるということではない。さらに興味深いのは、ある領域で感覚過敏をもつ人が、ほかの領域では感覚の鈍さをもっている場合もあるということである。

このようなことから、ここで何を伝えたいのか。一つのエピソードを紹介したい。

あるクライアントが、小学校時代の体験を語ってくれた。そのクライアントは、ASDの診断を受けてはいないものの、そのように理解する必要性を本人も私も感じていた。その人は、小学校一年生の頃、教室のなかがあまりにもうるさいので、教室を脱走して、校内の静かな場所に逃げていた。そして、ここはなんて静かで落ち着くのだろうか、と思っていたそうである。ところがしばらくすると、教師がその人を見つけ、教室に連れ戻してしまったのである。

ここで、子どもが教師に「教室はうるさい」と何度となく伝えたことを想像してみてほしい。子どもにとって「うるさい」という言葉は、うるさいのでつらいのだ、ということを伝えるものだったはずである。しかしそのように理解されることはなく、「みんなはきちんと座っているでしょ」と言われたり、「わがまま」と見なされたりしてしまうのである。

「うるさい」という言葉が本来意味することは、どこに行ってしまったのだろうか。その子は「うるさい」という言葉を、文字どおりの意味で使ったのだ。しかし、その「程度」が大人に伝わることはなかった。その「程度」を理解するためには、「感覚過敏」という概念が必要なのであろう。その概念を通して、聴覚過敏の子どもたちが感じている「うるささの程度」に接近することができる。そしてそこから、そんな状況に子どもを置いておくことは一種の拷問かもしれないと感じ取ることもできる。

何より、小学生の子どもが正しく使っている言葉が大人に理解されないことの深刻さに思いを馳せたい。他人とのやりとりにおいては言葉を用いる必要があるということを、私たちは学んできたはずである。ところがこのような体験は、他人とのコミュニケーションに不可欠な言葉という媒体を、子どもから奪ってしまうのではないか。「うるさい」と言ってもわかってもらえないとすれば、なんと言えばいいのだろうか。コミュニケーションの手段を奪われてしまった子どもが抱くであろう途方に暮れる感覚を想像すると、私は悲しくなるのだ。

言葉をめぐるストーリーを聴くことで、その程度を確認する

ここまでの検討で、言葉そのものは、「程度」を正確に伝えることができないということを見てきた。それでは、カウンセリングの場面において、どうしたらいいのだろうか。

先に例として挙げた「大切な人を失って悲しい」ということが、「どの程度」そして「どのように」悲しいものかということについては、そのことをめぐってストーリーを語ってもらう以外に、その体験の様相に接近する術はないのである。

一番単純で一番有益な問いかけは、それについてもっと語ってもらうことであろう。「そのことについて、もう少し教えてもらえないでしょうか？」「その体験について、もう少し語れます

か？」「その悲しみについて、もう少し理解させてもらっていいでしょうか？」「その体験はどの程度のものであったのか、教えてもらえないでしょうか？」といったように。

スーパービジョンなどの場でカウンセリングの記録を検討すると、カウンセラーが話し手の簡単な言葉でわかったつもりになってしまい、その言葉が意味する程度や様相まで聴くことができていない場面をしばしば見出す。相手の話を聴くうえで大切なことは、最初に提示された言葉だけでは、その程度や様相をしっかりと把握するまでには至っていないかもしれないことを、自分によく言い聞かせることだと思う。先に示した非常に単純な質問、つまり、相手にさらに語ってもらうように促す質問は、多くの場面で大切な役割を果たす。

そして、出来事の大きさとは、その出来事が人生に与える影響の大きさだと考えることができる。たとえば、「大切な人を失うこと」がその人の人生や生活にどのような影響を与えたのかを理解することによって、私たちはその「程度」に接近できる。

大切な相手との関係性によって、できていたことがあったはずである。たとえば映画を一緒に観に行くこと、暇なときにおしゃべりすること、休日の予定が決まることなど、一つひとつは小さなことであっても、それは日々の生活の隅々にまで入り込んでいたはずだ。ところが、今はそれがない。「以前にはあったが、今はないもの」を常に感じながら、日々を過ごすということになってしまう。その人にとって大きな出来事は、人生や生活に多大な影響を与えるのである。

これは、「大切な人を失うこと」に限定される話ではない。失恋する、仕事を失う、やりがいを失う、といったことでも同じである。

このように人の生活や人生に及んでいる影響を知ることによって、私たちは、その人が抱く感情の様相に接近することができる。ここで「接近」という言葉を使うのは、結局のところ、相手の体験を完全に理解することなどできないからである。それでも、簡単に理解してしまわない姿勢、しかしできるだけその程度や様相に接近しようとする姿勢は、相手に、「寄り添ってもらっている」という感覚を生じさせる可能性を高める。

人として、寄り添ってもらえる誰かがいるということの大切さを伝えたい。それは、いくら強調してもしすぎることはないと思うのだ。そのような誰かがいれば、私たちは苦難を乗り越えていける。

それでは、クライアントにとって「寄り添ってもらっている」という体験が「どの程度」大切だと、私は伝えようとしているのだろうか？　ここまで述べてきたように、それは言葉で表現することができない。読者のそれぞれが、誰かに寄り添ってもらった体験を思い起こすこと、または寄り添ってあげた誰かが何を感じたか教えてもらうことによって、接近するしかないだろう。

言葉は、人の内面に起こっていることのすべてを伝えることはできない。SF小説や映画のなかで描かれているように、いつか将来、脳と脳を連結させ、相手が感じていること、考えていること、思っていることが直接わかる方法が開発されるかもしれない。しかし、現在それが不可能である以上、私たちは、この不十分な言語に頼るしかない。言葉の特徴を知り、その不十分さを補うように努力していくことは、カウンセリングの場において実に大切な取り組みなのだ。

『今日一日』

ここで、人に寄り添ってもらえたからこそ、苦しい場面を乗り越えることができたという事例を紹介したい。その前に、ニュージーランドにおける大麻をめぐる状況を伝えておく必要があるだろう。

二〇二〇年一〇月、ニュージーランドでは、大麻を嗜好品として認めるか否かについて国民投票が行われた。国民投票に至るまでに、大麻の使用は一部の人々の生活にすでに入り込んでしまっており、単に大麻を使用するだけでは、逮捕されたり、ましてや報道されたりするようなことはなくなっていた。違法ではあるが、その法を厳密に運用することができないところまできていたのである。

大麻に含まれる成分のうちＴＨＣ（テトラヒドロカンナビノール）とＣＢＤ（カンナビジオール）は、近年、その医療的な側面が注目されてきている。そして、医療目的での大麻の使用はニュージーランドではすでに認可されている。医療目的で使用する場合には、大麻の葉をたばこのように燃やして吸うのではなく、成分を抽出した液体を服用することが多い。重ねていうと、人の精神の高揚に寄与するのはＴＨＣであり、ＣＢＤにそのような働きはない。日本社会で嗜好品としての大麻の使用が検討されることは近い将来にはないだろうが、医療用大麻の是非は、近い将来に日本でも検討される可能性が高い。

さて、嗜好品として認めるということは、政府が大麻の販売を認めることを意味する。つまり、国民は政府が認可したルートを通じて、大麻を購入することができるようになる。また、限られた量であれば自宅で栽培することもできるというのが、ニュージーランド政府の案であった。

この段階の前に、非犯罪化という段階を設けることも考えられる。これは、大麻の使用は違法ではないし、大麻を使用しても処罰しないということである。ニュージーランド政府は、この段階にとどまらず、カナダのような国に倣って、販売まで認める、つまり嗜好品として認めるかどうかを国民に問いかけた。

その結果であるが、五〇・七％対四八・四％というわずかな差で、政府案は否決された。ちなみに私は賛成に票を投じた。それは、政府が合法化に伴って得られる税収を、依存症（アディクション）の治療に向けるということを約束していたからである。現時点では、闇で売買される大麻の収益はギャングに流れており、アディクションに苦しむ人々の治療に対して、政府は十分な資金やプログラムを提供することができていない。多くの人は、アルコールやタバコと同じように嗜好品として大麻を楽しんでいるのだが、一部の人はその使用を自身でコントロールできず、生活に大きな影響が及んでしまうのである。このような状態になるとアディクションと呼ばれるが、大切なのは、そうした人たちに対するケアを充実させることなのだ。「ダメ。ゼッタイ。」というような標語を連呼したところで、アディクションに陥ってしまった人を救うことはできない。

少し脱線するが、以前、若い人に対する性教育のなかで避妊について検討していたとき、その場にアメリカ人の大学教授がいた。その教授は、コンドームや避妊用ピルなどのほかに、禁欲（abstinence）を避妊の方法に含めるべきだとごく真面目に話していた。アメリカでは、性交渉をしないことを避妊方法の一種と見なしているようなのである。マイケル・ムーア監督の映画『マイケル・ムーアの世界侵略のススメ（Where to Invade Next）』（二〇一五年）のなかで、ドイツで性教育を担当する高校教員に対し、ムーア監督が、ドイツでは避妊方法として禁欲をどのように見ているのかと尋ねる場面がある。教員はその質問を聴いて失笑していた。そのことからすると、ヨーロッパでも、禁欲を避妊方法の一種とは捉えていないのであろう。だいたい、お互い相手が好きになった若いカップルが二人きりになったとき、このような標語的な言葉が往々にして意味をなさないだろうことは容易に想像できる。たとえ「ダメ。ゼッタイ。」と何百回聞いても、そのことを大切だと知っていても、事を止めることはできないときがあるのだ。

対人支援を行う者として、禁欲とか「ダメ。ゼッタイ。」で、アディクションに陥った人を救えるのであれば苦労しない。逆に、このような標語は、それでもそうした行為をしてしまった人々をさらに追いつめることになる。ダメとわかっているのに、なぜしたのか、と。治療的な側面から見れば、アディクションに陥った人に必要なのは、説教や批判ではなく、ケアである。

さて、これまで述べてきたように、ニュージーランドでは大麻の使用がかなり浸透しているのだが、依然として違法であることに変わりはないので、会社では従業員が大麻を使用していないかの抜き打ち検査を実施する必要がある。ただ雇用者側も、きちんと仕事をしてくれる従業員が夜にリラックスを目的として大麻を使用することを、とくに気にしていないような状況もある。ところが検査でＴＨＣの陽性が出てしまうと、対応しなければならなくなる。その場合には、専門の機関にリファーされ、アディクションの状態についてアセスメントを受けることになる。

Ｂさんは三〇代半ばの男性で、二人の子どもがいる。会社でもしっかりと仕事をしていることは認められている。その会社で薬物検査（血液検査）をしたところ、ＢさんからＴＨＣが検出された。そこでＥＡＰの機関から私のところにリファーされてきた。

Ｂさんは面談で、一〇代からさまざまな薬物を使用してきたということを話してくれた。ときには大量のアルコールや、より強い薬物などを使用してきた。それは、親や兄からの虐待的なかかわりがあったため、こころの苦しみ、不安、うつ状態をやわらげるために使用し始めたということであった。そしてそれは習慣化し、ときどき訪れる心理的なストレスに対処するために、Ｂさんは薬物を摂取していたのである。

Ｂさんは面談の時点では、これまでのことに加えて、パートナーとの関係でも苦しんでいた。検査でＴＨＣ陽性が判明してから、私のところに来るまで二週間ほどの期間があった。Ｂさんはこの間に大麻をやめることができていた。子どもたちのことを考えると大麻をやめたいのだ、ということをBさんは伝えてくれた。

私は、一〇代から今まで、薬物の使用はいつも同じようにBさんの人生のなかにあったのか、それとも良いときと悪いときの波があったのかと問いかけ、今までの薬物使用のパターンを尋ねていった。するとBさんは、二〇代半ば頃に、六ヵ月ほど薬物をやめることができていた期間があったと教えてくれた。

私は、その期間に、これから薬物をやめていくためのヒントがありそうな気がすると伝えた。そして、そのとき、薬物をやめるために何が役に立ったのだろうかと問いかけた。Bさんは、生活のパターンを変えること、ウォーキングをすること、友だちと一緒にいること、小旅行をすること、などを挙げてくれた。

私は、今、そのようなことを再びすることの価値はあるだろうかと尋ねた。するとBさんは、すでに先週、友人に今の状況を打ち明け、一緒にウォーキングを始めていたことを教えてくれた。

引き続きこのようなことを続けるためには、Bさんにとって何が助けになるだろうか、と私は問いかけた。Bさんは、以前に処方してもらった精神科の薬は助けにならなかったと話し、自分にはポジティブなフィードバックが必要だと語った。批判ではなくポジティブな見解を受け取ることが助けになると、Bさんは気づいていたのである。

それでは、誰がそのようなフィードバックを提供してくれるだろうかと問いかけた。Bさんは、自分の妹と古くからの友人を挙げることができた。私はBさんに、自分で妹や友人に連絡をとり、ポジティブなフィードバックをもらうことができるだろうかと尋ねた。そして、もし難しいようであれば、私が妹や友人に向けて手紙を書くこともできるのだが、と付け加えた。Bさんは、自分で話すことができると答えてくれた。

二週間後、Bさんと再び面談した。Bさんは、この間、一度だけ夜に、悲しみと怒りに襲われて、かなり苦しい状況に追い込まれたと語った。そのとき、友人が訪ねてきてくれたのであるが、最初はその友人を拒否しそうになった。しかし、なんとか友人を受け入れて、話す時間をもつことができたのである。そして、その苦しい時間をどうにか乗り切ったということであった。

このとき以外は、散財することもなく、フィットネスクラブに行き、スポーツをしたり、長い距離をウォーキングしたりして、生活習慣を変えることに成功していた。

それから二週間後の最後のセッションでは、Bさんは、生活が安定してきたことを教えてくれた。また、雇用者の理解もあり、仕事に戻ることができるようになったのだという。さらに、友人から必要なフィードバックをもらうことができていた。この回復の時期に、Bさんは、自分は一人ではなかったことに気づいたと伝えてくれた。

最後の質問として、私は次のように尋ねた。Bさんは一ヵ月前に薬物をやめ新しい生活を手にするためのチャレンジを始めたわけだが、そのチャレンジをものにする可能性はどの程度あったのだろうか。つまり、どのくらい困難なチャレンジに挑んだのだろうかということを尋ねた。この質問に対して、Bさんは、このチャレンジは五分五分だったと答えてくれた。

初回の面談において、一〇代から薬物を使用し始め、ずっとそれに苦しんできたという話を聴いた時点では、私は、このチャレンジをものにする可能性をあまり感じることができないでいた。しかしBさんは、これは五分五分のチャレンジだと考えていた。それは、過去に薬物から離れることができた経験があり、そこで何が役に立ったのかということを確認できたからではないかと想像するのである。また、自分は一人ではないのだという感覚をもつことができたのも大きかったであろう。

アディクション支援の領域において、アルコールや薬物からいったん離れたとしても安心できないと見なす傾向は強い。いつまたスリップ（逆戻り）するかわかったものではない、というのである。たしかにその可能性はあるであろう。しかし、アディクションから逃れ始めるときには、誰もが、その日、その一日を無事に過ごすことから始めるしかないのである。アルコール依存症者の自助グループでは、スリップするかもしれないという将来の心配から生じる不安や絶望感に対応するために、一つの標語をつくっている。それは「今日一日（one day at a time）」というものである。今日一日をしっかり生きようとすること、それが大切なのだ。

出会う回数の限られたカウンセリングのなかで、今、薬物をやめることができるようになったとしても、将来を約束できるわけではない。約三ヵ月後、気になったので、Bさんに簡単なメールを入れて、元気にしているか聞いてみた。Bさんはすぐに返事をくれた。元気にしているということであった。その後、Bさんがどうなったのか私は知らない。しかし少なくとも、Bさんが自身のなかに、アディクションから逃れるためのリソースがあるのだと知る機会をつくれたのではないかと思いたい。たとえ将来スリップしたとしても、そのリソースがあることを思い出すことができれば、Bさんはまた次の一日を積み重ねることができるのである。

〔第6章〕

ストーリーとして語りを聴く

――「主訴」とは何か

フリードマンとコームズは、セラピストとして学ぶのが最も難しいことの一つは、「人々のストーリーをストーリーとして聴くことである」[1]と述べた。「私たちがセラピーとは何かについて知っている物語は、『臨床的に重要な事柄』（私たちがどうすべきかを知っているもの）を見つけたときに、私たちの耳をそばだたせて『これだ！』と言わせるように仕向けるのだ」と、二人は述べる。敬意と感受性をもって聴くことはよいスタートとなるが、それだけでは十分ではない。

――ハイベル、ポランコ[2]

話の聴き方は人によって異なる

この章では、「ストーリーとして語りを聴く」ことについて考えてみたい。カウンセリングの会話において、クライアントは自身のことを語る。クライアントの語った言葉は、音をさえぎる邪魔がない限り、すべて聴き手である私たちの耳に届く。ところが、私たちは、耳に入ってきた言葉すべてを聴いてはいない。私たちが人の話を聴くということは、言葉を自分自身のなかに取り入れ、それを解釈するプロセスを伴う。そうでなければ、馬耳東風ということわざが伝えるように、何かを意味するはずの言葉は、耳に届いたとしても、何の反応も生じさせることはない。しっかり聴ける部分と、あまりよく聴けない部分とのムラが生じるのは、聴く人によって言葉を受け取る際の重みづけが異なるので、どこを取り上げるかが異なってくるからである。

人によってどのような違いがあるのかについては、あまり検討されていないのではないだろうか。そして、カウンセリングという場面において、発せられた言葉をどのように聴いていく必要があるのだろうか。本章ではこうしたことについて検討してみたい。

クライアントが見る世界から導かれた主訴

カウンセリングのトレーニングにおいては、何に聞き耳を立てるかということを学んでいく。それが具体的に何であるかは、技法やアプローチによって異なるであろう。ただ、「主訴」については、どんな技法でも共通して、とくに重要なものとして取り上げられることが多いはずである。

それでは、主訴とは何だろうか。

それは、文字どおりクライアントの主たる訴えである。心理療法またはカウンセリングを開始するにあたって行うインテーク面接では、主訴を明確にし、クライアントが何のためにカウンセリングを受けるのかをはっきりさせる。

さまざまな問題を語るクライアントに対しては、何が最も重要なことであるのかを明確にする作業に取り組むこともある。主訴が何であるかを明確にしていくのである。

ケースカンファレンスや事例検討会などの資料を読んでも、そこには必ずクライアントの主訴が記載されている。事例検討中も、カウンセラーの方針が不明瞭な場合には、この主訴に戻り、方向性を確認することがある。

主訴とはこのように、心理療法やカウンセリングにおいてとりわけ重要視されるものである。クライアントが何を目的として来談しているかということなので、当然といえば当然だろう。

それでも、それはどのようなことなのだろうか？　少し立ち止まって考えてみる価値はありそうだ。

クライアントの主な訴えを受け取り、それに取り組むことは、一見相手の意向を尊重する姿勢のように思える。ところが、相手の訴えを尊重し、それを正面から扱うのが最善の方法であると、安易に考えることはできない。

クライアントは、対人支援の場を訪れるとき、抜き差しならない状況に置かれている。それまで自分自身でなんとか出口を見つけ出そうと模索してきたのだが、見つからない状況といえるかもしれない。そのときクライアントが訴えるのは、本人が苦境のなかで見出したことである。そこでは、クライアントに何が見えているのかが語られることになる。それはクライアントの体験様式を理解するうえで重要な情報源となる。

しかし、苦境のなかでクライアントに見えることを、そのまま正面から扱うべきものとしてよいのだろうか。苦しいときだからこそ目立ってくることもあるが、取り組むべきことはほかにあるかもしれないのだ。

たとえばクライアントは、体調不良について、仕事でのプレッシャーからくるものと訴えるかもしれない。しかし、よくよく話を聴いていくと、あまり眠れていなかったり、プライベートな人間関係が悪化していることの影響が大きいと考えられる場合もある。

以前、私がスクールカウンセリングを担当していた学校の指導主事が教えてくれた、親が学校に苦情を申し立てに来た際の対応に関する研修を思い出す。その研修では、学校側は親のニーズを聴き、そのニーズを受け入れて、それを満たすように伝えていた。つまり、相手の見立てをそのまま受け取り、それに取り組むことが最善の方法であると教えていた。

親は、たとえば自分の子どもが友人関係でうまくいかなくなったとき、どうしたらよいかわからず、学校に苦情を申し立てることがある。学校側は、しっかりと親に向き合うために、まずは苦情を十分に話してもらい、そのうえで、どのように対応してほしいのか尋ねる。そうすると親は、何らかの方策を学校側に伝えるだろう。だがそれは、親が自分の子どもだけを見て導き出した方法であり、さまざまな子どもたちがかかわる学校という場を考慮したものではない可能性がある。学校現場を実際に見ているわけではないから、それは当然のことである。そのうえ、親は学校で働いたことはないので、その方策は、親から見てもっともらしいだけのものかもしれない。これは結構よくあることだ。

つまり、相手の言うとおりにしたからといって、事態が改善する保証はないのである。学校にとっても、親にとっても、子どもにとっても、最も大切なのは、親の提案をそのまま実行に移すことではなく、事態の改善に向けて共に取り組むことである。親の意向を真摯に聴くことと、それを受け入れて実施するかどうかということは別の問題である。

このようなことから、対人支援の場においては、専門家がクライアントの状況を見立て、その見立てに基づいて支援を行うべきだ、といわれることがある。苦境のなかでは、クライアントの視野はどうしても狭くなってしまう。そのときに第三者である専門家が、より客観的な視点でクライアントが置かれている状況を把握し、適切な見立てをすれば、効果的に対応することができる、という考え方である。

対人支援において、見立てとは、診断名を考えたり、課題や問題点を指摘したりするだけではなく、クライアントの人生に何が起こっており、何が必要かについて、さまざまな角度から検討することである。相手の訴えを尊重しながらも、実際にはどのようなことに取り組むべきかを検討するのである。

ここで一つ、指摘しておきたいことがある。見立てという行為は、多くの場合、専門性や客観性から導かれるものと考えられる。その側面を重視するあまり、専門家がクライアントと共に取り組むという方向性ではなく、専門家の一方的な見解として見立てが伝えられることになりやすい。この点には注意しておく必要がある。

ここまでの考察から、主訴についていくつか大切なことが浮かび上がってきた。主訴は、クライアントが相談に来たときに世界をどのように眺めているかについてのヒントになるということ、そして、それを真っ向から扱うことを安易に最善の方法とすべきではないということである。

見る世界が変わることによって変化する主訴

相談する原因、または理由である主訴がテーブルの上に置かれると、それを改善すること、解決することが目標となってしまう。先ほど述べた見立てさえも、この主訴を起点として検討することになりがちである。

何らかの目標設定がなされると、私たちはそれに取り組むことができる反面、それに縛られるようになる。そのことが焦点化され、それについてだけ話すように仕向けられるのである。そしてカウンセリングの進展度合いは、その主訴をどの程度改善、解決、解消できたかという視点で測られるようになる。

主訴の性質によっては、解決できないことも数多くあるので、それだけにとらわれると、進展できずに袋小路にはまってしまうことが往々にしてある。支援者はクライアントの主訴を解決してあげたい、改善してあげたいと常に思うのであるが、そのようにできないことのほうが圧倒的に多いのだ。だから、主訴を取り上げることは大切であるとはいえ、そこを扱うという方向性しかない場合には、クライアントとの会話は苦しいものとなっていく。

先ほど、主訴はクライアントが抜き差しならない状況で見出したものであることを述べた。このことについて、もう少し考えてみよう。

クライアントとの会話で、主訴の解決または改善を目指すということは、クライアントがそのときに立っている位置から進んでいくようなかかわり方である。クライアントと専門家が、出口の見えない袋小路に立ち、主訴となっている問題に取り組むことで出口が見つかることを期待しているのである。共に苦しい気分になりそうな気がする。

では、カウンセラーの役割を、すぐ主訴に取り組むことではなく、クライアントの見ている景色を変えてみるように誘うこととしたらどうなるだろうか。つまり、クライアントに、今見ているのとは別のところを見るように促したり、今立っている場所を離れてみるように促すのである。たとえば、ある景色を一人で眺めるのと、自分にとって大切な人と一緒に眺めるのとでは、景色の見え方は異なる。一緒に問題や課題に向き合ってくれる人が隣にいるという感覚をもてれば、見え方が変わるのは想像できるだろう。また、今までの取り組みでどこまで来ることができたのかを振り返ると、前に進まないと思っていたが、少しは前に進んできていることに気づけるかもしれない。

そして、違う景色が目に入るとき、クライアントが取り組みたいところが変わるのは不思議ではない。それは、最初に語られた主訴とは異なるものになっている可能性がある。最初の主訴は依然としてそこにあるのかもしれないが、異なった景色のなかに置かれたので、異なった様相を帯びて見えてくるのである。

最初に語られた主訴は、カウンセリングという会話の場に来たときに、クライアントが自分の見ている景色のなかで見出したことを端的に表現したものと考えることができる。それは会話の起点となり、私たちはそこから会話を紡いでいく。そして重要なのは、その主訴が示すことをどれだけ改善できたかではなく、クライアントの見る世界が変わることによって、その主訴の様相がどれだけ変化したかという過程を追っていくことである。最初見えていた景色のなかにあった主訴が、カウンセリングの会話を通して見えてきた景色のなかではどのように違って見えるかを確認することによって、これは成し遂げられるであろう。

このような会話をカウンセリングの場で行うためには、相手の語りのなかの「臨床的に重要な事柄」だけを拾っていくのではなく、「ストーリーとして語りを聴く」ことが前提となる。つまり、変わることのない事実や、最初から最後まで一貫した主訴というような固定的なものをずっと手に握りしめて聴いていくのではなく、過去からの流れ、そして会話によって生まれている変化を聴いていくことが求められるのである。

臨床的に重要な事柄

フリードマンとコームズが「……リスニングというのは受け身の活動ではない。私たちが聴くときには、好むと好まざるとにかかわらず解釈をしているのだ[1]」と述べていることに、私たちは同意する。リスニングの過程で、セラピストは、意図的にせよ意図的でないにせよ、ある表現を聴くべきものとして選び、ほかは聴くべきではないものとして選択している。

（ハイベル、ポランコ[2]）

私たちは、相手の語りをどのように聴いているのだろうか。

一つには、カウンセリングの教育課程で学んだ「臨床的に重要な事柄」に注目することがあるだろう。感情に焦点を当てることが大切だと学んだのであれば、相手の感情が喚起されたところはどこだろうかと考えながら、耳を澄ますようになる。認知のパターンが重要であると学んだら、そこに焦点を当てようとする。このように見ていくと、私たちは自分の学んだ「臨床的に重要な事柄」を聴き取ろうとしていることがわかってくる。

このような聴き方の特徴は、誇張していえば、人の語りのなかでさまざまなことが話されるにもかかわらず、聴き手のなかにキーワードを感知するフィルターのようなものがあり、その言葉が発せられるやいなや反応する、というものである。

また、専門的に学習したことではなくとも、聴き手自身の体験から焦点が導かれることもある。たとえば、聴き手の身近に精神疾患の問題があれば、そのことはどうしても注目対象になるだろう。または、過去の実践における成功体験があれば、同じ方法がまた使えないかと無意識にでも期待するだろう。つまり、過去の成功体験と同じ展開につながる糸口を探そうとしてしまうのだ。たとえば不登校の問題で、子どもに学校に行くよう強く促したことが「たまたま」登校につながった経験をしたとしよう。すると、その同じ方法をもう一度用いたくなるということである。釣りにたとえれば、よさそうな釣り場は数多くあるにもかかわらず、以前に魚が釣れたポイントについつい戻ってきてしまう、ということである。

話し手が、話のついでというか、話を展開するのに必要だったので述べたにすぎないことでも、聴き手がそれをキーワードとして拾ってしまうと、そこに焦点が当たることになる。すると、そのことについて相手にもう少し語るよう促したりするだろう。語りのなかで聴き手がどこを拾うかによって、次に語られることは左右される。つまり、会話は聴き手が注目したキーワードに導かれて進行していく。

聴き手がこのことに自覚的でないと、あたかも話し手がみずからの意思で、語りたいことを語っていると思い込んでしまう。しかし、カウンセリングの逐語録を追っていくと、語りのプロットは、話し手が発動したものではなく、聴き手が質問したり相手の言葉を拾ったりしたことによって発動されたものであるとわかることはよくある。[3]

このようなとき、相手の語りをストーリーとして聴いていると見なすことはできない。相手の話の流れ、展開、主人公のこころの動き、意図、希望、価値観などに焦点が当たっているとはいえないだろう。

ほかに還元されることのないストーリー

「臨床的に重要な事柄」を聴くということと、相手の語りをストーリーとして聴くこととの違いはどこにあるのだろうか。それは、一般的な話を聴こうとするのか、あるいは、その人に固有の話を聴こうとするのかにあるのではないだろうか。

前者であれば、同じような問題や課題をもっているほかの人とどのように同じかということが重要になる。これは、ほかで培われた介入方法や助言が役に立つことを期待しているのであろう。うつ病に対する支援方法、不登校に対する支援方法、依存症に対する支援方法など、それぞれに関する講座などに参加すれば、一般的な知識や方法論を学ぶことができる。このような知識や方法論は、それを専門として取り組んでいる実践家の経験から導かれたものだから、おおいに参考になることも含まれているだろう。

ところが、目の前に現れた相手を既知の人物像に当てはめてしまうことには、慎重にならなければならない。なぜならば、同じ病名がついているとしても、あるいは同じ問題を抱えているとしても、細部まで見ていけば、人それぞれが異なるからである。

その人固有の状況、たとえば今まさに苦境の真っ只中にいるのか、ある程度見通しが立ち始めたところにいるのかといったことによって、対応する方法は大きく異なるであろう。また、周りの状況、つまり助けとなるリソースがどれだけあるかによっても、対応する方法は異なる。そして何より、主人公であるその人が、この問題や課題、苦境をどのように理解し、どのような気持ちで乗り切ろうとしているかは、その人に固有のものなのだ。

相手の語りをストーリーとして聴くということは、その人ならではの部分を聴き取っていくことにほかならない。これまでの経緯、誰がかかわってきたのか、どのような気持ちや希望をもってここまで来たのかについて、主人公である本人の言葉として語られる必要があり、それを聴く必要があるということである。

一方で、「臨床的に重要な事柄」を軸にいろいろな語りを聴いても、それを一つのストーリーとして展開されていると理解することもできてしまう。しかし冒頭に挙げたフリードマンとコームズ、そしてそれを引用したハイベルとポランコは、それをよしとしないだろう。なぜならば、このような場合のストーリーの主導権、つまり誰が著者であるかというオーサーシップ（著者性）は、話し手ではなく、聴き手（専門家）の側にあるからである。できあがったストーリーは、障害名や診断名を軸とした、ほかの人と変わらないようなものとなっていくだろう。

しかし、物語の主人公であるAさん自身がオーサーシップをもって語られるストーリーは、ほかのものとは明確に異なる単独性を有することになる。[4] 単独性とは、ほかの誰でもない、「このAさん」のことである。そのストーリーは、ほかの誰かのストーリーに還元されてしまうことはない。

私は、臨床経験を積むということは、ほかに還元されることのないストーリーを積み重ねていくことだと考えている。このようなストーリーの蓄積は、「臨床的に重要な事柄」を軸にしてできあがった一般性のあるもののようにすぐほかのケースに活用できないため、有益ではないかのように思われがちである。ところが、実は逆なのだ。その人だけのストーリーがあるという視点は、一般論から見てどれほど希望のない状況だったとしても、もしかしたら、その人独自の仕方で乗り越えることができるのかもしれないという希望を私たちにもたせてくれる。

人が回復することにかかわったこれまでの経験からいえるのは、ほとんどの場合、そこで起こるのは、一般的な知識が伝えるようなことではないということだ。そうではなく、予測のつかないようなことが起こるのである。私の臨床を支えているのは、研修会などで得られる専門知だけでなく、このような個人個人のストーリーの積み重ねなのだ。

話を聴いてもらう身になってみれば、自分のことを語るときには、ほかならぬ「この私」の話を聴いてほしいと思うだろう。話し手の側からすれば、聴き手に対するこの要望は直感的に理解できる。ところが、聴き手としてどのように話を受け取ればよいかというところから検討を始めると、さまざまな考察が必要となる。話を聴くということは、実に興味深く、奥深いことなのである。

『ゲーム依存』

この章では、リファーを受けた時点では、カウンセリングの結末を予測できなかった事例を紹介する。リファーする側の人々が作り上げたストーリーに正面から取り組んでいたとしたら、このような結末にたどりつくことはなかったのではないかと思う。

ある私立の中学校から、次のような事例のリファーを受けた。C君は、海外からニュージーランドに学びにきている留学生である。一人で外国で暮らすには若すぎるので、母親と一緒にやってきた。母親は英語をうまく話すことができずに、自分の書いた文章を機械翻訳で英語にして、学校などと連絡をとっていた。以下の紹介状を送ってくれたのは、留学生担当の教員である。

この連休中、C君はコンピューターゲームにはまってしまいました。コンピューターや携帯電話から離れることができず、母親や友人との関係、そして学業に影響が出ています。C君は、来年から別の高校に通うことになっています。そのためか、学校に来るのを拒否していて、授業に参加していません。C君は賢い生徒なのですが、ゲームと所属しているスポーツクラブの活動以外に興味を示していません。母親は離婚しており、一人でC君を育てています。母親は息子に暴力を振るわれる可能性があるので、ゲームをやめるよう話をするのを怖がっています。

私をはじめいろいろな先生がC君と話をしてきましたが、何も変化がありませんでした。学校に来ないので、C君の自宅を訪問していただけないでしょうか。

そこで私はC君の母親と連絡をとり、日程を調整して、家庭を訪問することになった。

C君の家に着くと、母親が出迎えてくれた。本人と話ができるかと聞くと、C君は私と会いたくないと言い、自室に閉じこもったままであるという。私は母親の許可をもらい、C君の部屋の前まで案内してもらった。そして、ドアをノックし、ドア越しに話しかけた。

返事がなければその日は諦めて、日を改めようかと思っていたが、何回か声をかけると、C君は私に反応してくれた。ドア越しに少しやりとりをした後、C君は、私を部屋のなかに入れてくれた。

私は、最初からゲームのことを話すことはなかった。C君の好きなこと、C君のしているスポーツのことなどから話していった。最近は、日本のアニメやマンガ、ゲームが世界中の子どもたちを魅了しているので、日本のことが共通の話題となる。子どもとの関係性をつくるきっかけとしてこのことはとても役に立っている。初回は関係性をつくるだけにして、次のセッションの約束をして終わった。C君は、また話をすることに快く同意してくれた。

母親自身、満足に英語を話すことができない状況で、息子の「ゲーム依存」や学校に行かないことに対応しなければいけない状況であった。私は母親にもサポートが必要だと考え、母親もカウンセリングを受けることを勧めた。彼女はその申し出を快く受け入れてくれた。またC君も、私が母親と話すことを快諾してくれた。

私は、母親の母国語を話せるカウンセラーの支援をとりつけ、通訳としてセッションに同席してもらうようにした。母親はセッションのなかで、母国語で堰を切ったようにいろいろなことを伝えてくれた。通訳も丁寧にその言葉を訳してくれた。息子の「ゲーム依存」や学校に行かないということが、親子関係にどのような影響を与えているかについて語ってもらった。そして、問題があろうとも、その親子関係を維持することの重要性を確認していった。それは、母親の言葉を借りれば、「目いっぱい涙する」ようなセッションとなった。

母親は、C君がどれほどゲーム依存となっているのか、どれほどインターネット依存になっているのかということを話したがったが、私は、C君にとって学校というところがどのような場所になってしまったのかを聴いていった。すると、さまざまなことが語られた。学校でC君が周りの生徒から嫌がらせを受けたこと、パソコンのパスワードを変えられてしまったこと、そのことを先生に伝えても取り合ってもらえなかったといったことである。C君は、学校であった出来事を母親にしっかりと語っていたのだ。しかしだからといって、母親は「学校に行かなくてもいい」と言うこともできず、学校に掛け合うだけの言語力もないので、ただ「気にしない」というアドバイスをして、学校に送り出し続けてきたのである。

ここまで話を聴けば、夜な夜なゲームやインターネットを続けてしまう気持ちが理解できてくる。要は、学校はC君にとって実につらい場所となっていたのである。

この自明に思えることは、しかし、誰にとっても明らかなことではない。先生も母親も、夜中に起きてゲームをしているC君を前に、ゲームをやめる話だけをしてきたのである。それでも変わらないC君を前に、お手上げだという気持ちになっていたのだ。

どれだけ時間をかけ、どれだけ話をしたとしても、本人にとって大切なことを話せているとは限らない。C君は、クラスメイトから嫌がらせを受けることや、嘲笑の的になることを苦にしていた。そのことは母親も知っていたし、母親から連絡を受けた学校も知っていた事柄である。

C君との二回目のセッションでは、今まであったことを母親に教えてもらい、学校に行くことにまつわるつらさを、私なりに理解したことを本人に伝えた。そして、C君は学校に行かなくなったために自国に戻らなければならないと考えている節があったので、来年もニュージーランドの別の学校に行くことはできるということを伝えた。そのうえで、別の学校に行くことについてどう思うかを尋ね、気持ちを確かめていった。C君は、来年行くことができる学校には知り合いもいるから、行ってみたいということであった。

三回目のセッションでは、ゲームやインターネットがC君の生活を変えてしまっているように見えると伝えた。そして、ゲームやインターネットをどの程度するかということについて、C君はコントロールを失ってしまったのだろうか、それとも、まだコントロールできるだろうかと尋ねた。するとC君は、コントロールできると言ってくれたのである。私はC君に、もしコントロールできなければ、それはアディクションだと考えられるので、腰を据えて取り組んでいく必要があるが、どの程度コントロールできるか試してみてほしい、と伝えた。翌週また来るので、そのときに状況を教えてほしいと頼んだ。

その日の夜一二時前に、C君は自分のノートパソコンを閉じた。その後、数日は安定しなかったのであるが、それ以降は、夜一〇時にはゲームやインターネットをやめるようになった。

「ゲーム依存」であると周りの大人が騒いでいた問題は、このようにして一件落着した。ただ一つ残念なことがある。私が訪ねてくるのは、私もC君がゲーム依存であると見なしているからだと、C君は思ってしまったようであった。つまり、私に会うということが、C君にとって、自分がゲーム依存であると認めることになってしまった。そのため、C君は三回目のセッションの後、私に会うのを拒んだ。C君は自分自身をゲーム依存と見なすことをよしとしなかったのである。まだまだ配慮が足りない部分があったようである。

このケースを紹介したのは、話す必要があると周りの人間が考えることにいくら時間を割いたとしても、本人にとって必要なことを話さないのであれば、何の役にも立たない可能性があるという例を示すためである。母親は、これまでもC君の話を聴いていたのに、なぜそのことをしっかりと受け取らなかったのだろうと後悔していた。セッションの後、母親は、C君にとって大切なことを受け止めた。それは、C君がゲームをやめる後押しとなったことであろう。

〔第7章〕

相手の言葉を受け取る

――「傾聴」とは何か

小さなモモにできたこと、それはほかでもありません、あいての話を聞くことでした。（中略）モモに話を聞いてもらっていると、（中略）きゅうにまともな考えがうかんできます。モモがそういう考えをひきだすようなことを言ったり質問したりした、というわけではないのです。ただじっとすわって、注意ぶかく聞いているだけです。その大きな黒い目は、あいてをじっと見つめています。するとあいてには、じぶんのどこにそんなものがひそんでいたかとおどろくような考えが、すうっとうかびあがってくるのです。

――エンデ[1]

他者に対して語るということ

この章では、カウンセリングで「相手の言葉を受け取る」ことについて考えてみたい。

カウンセリングにおいては、「傾聴」と「共感」がその基本とされている。カウンセリングのプロセスで最も基本的なそれらの要素が提供されるということは、話し手の体験としてどのようなものなのだろうか。そのことを理解し、体感しておくのは、大切なことであろう。なぜなら、カウンセリングのなかで、いろいろな技法を用いてなんとかしようと四苦八苦してもうまくいかないとき、この基本に戻ることで、クライアントと共に取り組むことだけは、つまり会話を続けることだけはできるからである。

カウンセリングにおける最も重要な要素は、他者に対して自分のことを語るということである。ワークショップや講演などの後で、ナラティヴ・セラピーを自分だけで、つまり一人でできないかと問いかけてくる人がいる。その人は、「他者に語る」という側面の大切さを見落としているのだろう。

この章では、他者に語ることの大切さを検討し、さらに、そのことを確認するためのワークを紹介したい。傾聴や共感といった、聴き手自身の内面に焦点が当たるような概念ではなく、「しっかり話を受け取る」という相手に向けたプロセスに集中することから、結果的に、傾聴や共感という状態にたどりつけるのではないかと考えている。

世の中で最も辛辣な批判者

私たちは、いろいろなことについて自分自身で考え思い悩むが、ときに自分ではどうにもならないことがある。何度も繰り返し考えるのだが、同じところを堂々めぐりしてしまう。

私たちが悩むとき、「ほかの人はどう思うだろうか」「ほかの人なら何と言うだろうか」ということが頭に浮かんでくる。そのときに想像する言葉は、かなり辛辣なものになりがちである。誰も認めてくれまいと思ってしまうし、「それはおかしいことだ」「ダメなことだ」「変なことだ」とみんなが言うだろうと思ってしまう。

それは、そのようなことを実際に言われたことがあるせいかもしれないし、同じような状況で人々がどんなことを言ったかが耳に残っているせいかもしれない。いずれにしても、一所懸命に考えているのではあるが、肯定的な声がなかなか届かず、否定的な声に取り囲まれた状況といえるのではないだろうか。

そうしたなかで、すべての、または大部分の原因は自分にあるという考えに行きつくことも稀ではない。そうすると、結局のところ、自分自身が頑張るしかない。今までもそれなりに頑張ってきたつもりであるが、それでも不十分だったのだ。だからもっと頑張り続けないといけない、という結論に、いつもたどりついてしまう。

このような状況においては、自分ではしっかり考えようとしているつもりでも、さまざまな要素を十分に踏まえて検討しているとは言いがたい。なぜならば、「結局は自分がいけないのだ」、だから「これからも頑張り続けるしかない」という結論が決まっているからである。

ここで、私たちを苦しめる最も辛辣な批判者は誰だろうか。それは、自分自身なのだ。自分が自分に向けるまなざしが厳しいということである。この世に住む多くの人々は、自分が思うほどには厳しく考えておらず、受容的である可能性は十分にある。ところが、そのような受容的なまなざしを自分自身に向けることは難しい。

自分自身を受容する

横山克貴さんと私が編集した書籍『ナラティヴ・セラピーのダイアログ[2]』では、いくつかのカウンセリング・セッションを掲載し、そのそれぞれに、クライアント自身のコメントと三つの解説をつけている。

クライアントのさくらさん（仮名）は、それまで学んできた知識や技法を自分の問題解決のために総動員してきた。しかし、過去に起こったことの「痛みを手放しているると思っているのに、なんでこんなに堂々めぐり」という状態から抜け出せずに、私のカウンセリングの相手になってくれた。

このセッションのなかで、さくらさんの気づきは、「その怒りを相手にぶつけるなり、この人に対して怒りがあるということを認める以前に、その状況にしちゃった自分を責める、っていうのかな……」「このことをつくった、なんか自分を……外に向けたい感情を、外に向けられないから自分に向けてたんだな」というものであった。

それでは、この気づきはどのようにして可能になったのだろうか。

このダイアログの解説を担当した綾城初穂さんは、さくらさんが受けたセッションに対するコメントに注目する。

「……辛さ」と言ってもらって、「私の感じていることを一緒に受け止めてくれているという安心感、信頼感が増す。常にイエスもノーも言える状態においてくれていることも、気遣ってもらえていて、私が私を気遣うことができるようになることを助けてくれた。

そしてこのことから、綾城さんは次のように考察する。

カウンセラーに「気遣ってもらえ」たことで、「私が私を気遣うことができるようになる」助けとなったという、このコメントは非常に重要であると私は思います。ここからはカウンセラーによるさくらさんへの配慮が、さくらさんによる自分への配慮につながった可能性を考えることができるからです。

自分自身を受容することは、自分が他者から受容してもらうという経験があってこそ可能になる。他者からの受容というまなざしを受け取ることによって、自分自身に同じまなざしを向けることができるようになるのだ。こうしたことが起こりうるのだという気づきは、人とかかわるうえで重要なことであろう。

相手の言葉を受け取るということ

人を受容することの基本は、相手の話を聴くということである。それは、相手が話しているときに、相手に顔を向ける、うなずく、「はい」「ええ」「そうなんですね」などの声を発するというようなことである。このような基本的姿勢は、専門技術というほどのものではない、と思う。しかし、話を聴きながら、問題解決したくなったり、アドバイスしたくなったりするために、聴き手は相手の話を途中でさえぎってしまうことになる。つまり、この基本的姿勢自体が難しいのではなく、そうした状態に「とどまっていること」が難しいのである。

そして、話をきちんと聴いたということがどのようにして伝わるのかといえば、「相手の言葉そのもの」を返すことによってである。そのことと、「理解する」ということの間には違いがある。相手の話を「受け取った」「聴いた」ということと、「理解した」ということは必ずしも一致しない。

相手の語りを聴いていくと、聴き手にとってわからないことがいたるところにある。そのわからないところを理解するために、さらに語ってもらうことが大切であると認めながらも、すべてのわからないところにとどまっていては、相手が話したいことを話せなくなる。カウンセリングの会話では、わからないところを抱えながら、相手の話を聴いていく必要がある。

ところが、たとえ理解していなくても、少なくとも相手の言葉は「聴ける」し「受け取れる」。そして、受け取ったと相手に伝えることはできる。

「相手の言葉そのもの」とは、その人が口にしたまさにその表現である。つまり、相手が「寂しい」と言ったとしたら、「寂しい」ということである。聴き手にとってより馴染みのある言葉や専門用語に置き換えない。たとえば、「寂しい」を「孤独」「喪失感」などの言葉に置き換えてしまわないということである。

このことを対人支援の専門家に伝えると、そんなことはあたりまえであるかのように同意してくれる。ところが、実践していて感じるのは、これはそんなに簡単なことではないのだ。

人の認知というものは非常に興味深い。たしかに「寂しい」と聴いたのに、「孤独」と自分の記憶に残り、相手に「孤独」と返してしまったりする。以前、自分のセッションを逐語録にして検討したとき気づいたのは、クライアントは「(母親との)衝突」と言ったのに、私は「クラッシュ」

と言い換えていた。自分にはそんなことはないと思う人がいれば、逐語録を調べてみてほしい。このことを相当しっかり意識せず、「自然に」相手の言葉そのものを返すことができている人を、私は想像できない。

自分が話し手であるとき、自分の使った言葉が相手から返ってくれば、その言葉から、さらに考えていくことができる。しかし違う言葉が返ってくると、自分が使った言葉ではない「返ってきた言葉」をめぐって考えてしまうことになる。上の例でいえば、自分は「寂しい」と言ったのに「孤独」と返ってくると、「そうか、自分は孤独なのか……」「自分の状態は孤独だと見られるのか……」「孤独ってどのようなことなのだろうか……」といったところに注意が向いてしまう。

カウンセリングにおける介入として、カウンセラーが意図的に相手の言葉を言い換えることがある。それは、何か目的や意図があって、別の言葉を使おうとするのである。言葉が変わることによって、語りが変わり、新たな気づきや認識が生まれる可能性はあるだろう。しかしここで述べているのは、どのように介入するかということではなく、他者の言葉を受け取るということ自体についてである。

相手がそれなりの量を一気に語ることもある。そのときには、相手の語ったことすべてを返すわけにはいかないだろう。その場合、相手の使った表現を組み合わせて返すことができる。「要約を返す」ということだが、この場合も、聴き手側の表現を組み合わせるのではなく、相手の表現がしっかりと組み込まれている必要がある。

日本のカウンセリング教育のなかで、セッション中にメモをとってはいけないという縛りがあることがわかってきた。ナラティヴ・セラピーでは、カウンセラーはメモをとるように奨励される。なぜならば、相手の言葉を正確に返すためには、メモが必要になってくるからである。

メモをとると、下を向いてしまうので、相手を見て話を聴かないことになる、という指摘がある。相手の話をすべて記録しようとするとそうなるのかもしれないが、相手が語った表現のうち、キーワードになるものだけを書き留めるのであれば、下を見続けることにはならないだろう。また、「メモをとる」という行為に、カウンセリングのプロセスにおける重要な役割を与えることもできる。大切なことが語られた場合には、相手の許可を得て、それをしっかりと書き留める。そうすることによって、その言葉の重要性を話し手と聴き手がゆっくり観賞することができる。

ここで私は、必ずメモをとらなければいけないと伝えたいのではない。メモをとらないということが、相手を尊重するうえで大切な場合もあるかもしれない。とくに、ほかの人に絶対に知られたくないようなことを話している状況では、メモをとらないという配慮も必要であろう。

ただ、対人支援において、「すでに決まっていることだからそれに従うべきだ」というような指示をされた場合、私はそれを疑うようにしている。完全に万能な指針などありえないからである。「メモをとってはいけない」と言われたら、「メモをとるべき状況」はどのようなときなのかについて考えたいし、「メモをとらないといけない」と言われたら、「メモをとるべきではない状況」はどのようなときなのかについて考えておきたいのだ。

相手の言葉を受け取るワーク

ここで、「言葉そのもの」をしっかりと「受け取ること」「受け取られること」を体験してもらうためのワークを紹介する。

聴き手として、自分はきちんと聴いているのだろうか、共感しているのだろうか、自己一致しているのだろうか、クライアントに対して無条件の肯定的配慮をしているのだろうか、といったことに気をとられると、逆に相手の話を聴くことがおろそかになる恐れがある。なぜなら、自分自身がどのようにあるのかに注意が向けられることになるからである。このワークは、自分にではなく、相手の話に注意を向けない限りできないものである。

話し手は、聴き手に向かって話をする。自分の考え、思い、感情などを、人に向かって表出するという作業になる。この発せられた言葉は、相手に受け取られる必要がある。これこそが、冒頭で述べた、他者を必要とするという部分になる。話し手としてそのことを体感するのがこのワークである。

その進め方について説明する。

①ペアになる。一方が話し手、もう一方が聴き手となる。後で役割を交代して、同じワークに取り組んでもらうので、どちらも話し手役と聴き手役を経験することになる。

②話し手は、何でもいいので、話してみたいことを語る。その際、聴き手は、自分の話を聴いて、自分の言った言葉を返してくるだけなので、問題解決してくれるとか、適切なアドバイスをもらえるとかは期待しない。

③聴き手は、話し手のほうを向き、話を聴きながら、うなずいたり、「はい」「ああ」「そうなんですね」「なるほど」などの応答を適宜交えていく。

④話の切れ目が来たら、話し手の言葉を使って、話し手が話したことを返す。その際、次のことに留意する。

- ▼話し手の言葉やフレーズを、そのまま繰り返す。
- ▼話し手の言葉をしっかりと組み込んで、要約を返す。
- ▼言葉は返すだけであり、質問をしない。話の内容で多少わからないところがあってもかまわない。
- ▼返すときの基本的な姿勢は、足さない、変えない。話し手の正確な表現を思い出せない場合には、話し手に確認してから返す。

▼話し手の言葉をしっかりと返していくために、メモをとることを奨励する。そのときに、話し手が言ったことすべてを書こうとしない。キーワードとなる単語やフレーズだけにとどめる。

▼話し手の言葉のなかで、繰り返すのをためらうものがあっても、勇気を出してその言葉を返す。繰り返すのをためらう表現とは、たとえば、話し手自身を否定するような言葉である。「私は全然ダメなんです」「もう私なんかいないほうがいいんです」など。

▼プロセスのイメージは、話し手が口にした言葉を繰り返して、両者の間にあるテーブルの上に「そっと」置く感じである。言ったことを話し手に突きつけるのではなく、話し手がテーブルの上に置かれたものをゆっくりと見ることができるような言葉遣いを心がける。

⑤話し手に言葉を返す作業が終わったら、その後の方向性は完全に話し手に委ねる。「もっと話を続けることはできますか?」「ここからどこを話してみたいでしょうか?」「今、ご自身で話したことを再度聞いてみて、どう思われますか?」のように問いかけて、次の語りを促す。

⑥このような語りを二〇分から三〇分ほど続ける。時間に達する前に、話し手が話し

終わったと感じるのであれば、そこで終わる。聴き手は、話し手が時間いっぱいまで話し続けるように働きかける必要はない。

⑦話し手と聴き手は、今のプロセスがどのようなものであったのかについて、振り返る。

⑧役割を替えて、同じワークに取り組む。

④の最後にある「そっと」置く感じについて、もう少し説明しておきたい。これはたとえば、言葉を返すときに、「あなたの言ったことは○○ですね？　合っていますか？」というように正否を問うような姿勢ではなく、「○○と言われましたね」「○○とお聞きしました」「○○という表現が聞こえてきました」といった言葉遣いをするものである。目指すところは、それが正しいとか合っているというような判断に話し手が気をとられてしまうのではなく、話し手自身が自分の口にしたことをもう一度聴き、味わうことである。

ワーク後の振り返り

ワークを終えた後、話し手は、次の点について考えてみてはどうだろうか。自分の言葉がそのまま返ってくることがどのような体験となったのか。それだけで、どのように自分の語りが変わっていったのか。自分一人で考えたり、思ったりしていることと、相手に語ることによって行きついたところは、どのように同じで、どのように違うのだろうか。

また聴き手は、これまで習ってきた技法をすべて封印されるような体験をしたはずである。話を聴きながら、普段であればするであろうさまざまなことができない状態に置かれていたと思う。そうしたなかで人の話を聴き続ける体験をしてみて、次のような点について考えてみてはどうだろうか。話し手の言葉そのものを返していくことによって、相手はどのように話し続けることができたのか。話し手の言葉そのものを返していくことの難しさと大切さ。ワークの後の振り返りで、話し手の体験を聴くことによって、聴き手として気づけること。このワークの体験を今後のカウンセリングにどのように活かすことができるのか。

聴き手から提供される、話し手である自分に向けられた真剣なまなざし、それは、うなずきや「はい」「ええ」などの短い応答という具体的なものである。話しているときに、そこにずっと「とどまってくれている」という側面も重要であろう。

話し手にとって、このように話を聴いてもらうという体験は、「尊重してくれた」「共にいてくれた」「寄り添ってくれた」という思いにつながる可能性が十分にある。そして話し手は、そのような体験を提供してくれた聴き手をどのように感じるだろうか。ぜひ、ワークに取り組んで、みずから見出してみてほしい。

傾聴、共感的理解、無条件の肯定的配慮、自己一致といった状態は、そこを目指すというところから出発するとなかなか到達することができないのかもしれない。たとえば、野球で、チャンスにヒットを打とうとしても、「ヒットを打つ」という思いに邪魔されて、ボールに集中できないように。私は、ボールに集中することによって、ヒットにつながる可能性を考えてみたいのである。話を聴きながら、傾聴、共感的理解、無条件の肯定的配慮、自己一致を目指していくのではなく、相手の話、それも相手が発した表現そのものを追っていくことに集中することを通じて、その状態にたどりつけるのではないかということである。

そしてそれは、事後的にしか確認することができないものである。あのときはしっかりと話を聴くことができたかもしれない、話し手も聴いてもらえたと感じてくれた、などと、振り返りのなかでしか気づくことができない。

ナラティヴ・セラピーに取り組む私は、あくまでもカウンセリングプロセスの最も根底的な部分を確認するためのものとして、このワークを位置づけている。これがカウンセリングにおける必要にして十分なものであると見なしているわけではない。カウンセリングは、これだけのものではないはずである。しかし、人の話をしっかりと受け取ることの大切さを知らずして、カウンセリングは成り立たない、と思うのである。

〔第8章〕

意味をめぐる語りへ

——「共感」とは何か

現代社会では、たとえば「会社に行けない」は、ただ単に行けないということを意味しません。そのようなことをするもの、そのようになるものは、どのような人であるのかという、社会文化的な意味合いに照らし合わせて、苦しむことになるのです。

——伊藤、国重[1]

どの程度話せばいいかは、常に不明瞭である

誰かに何かを語るとき、私たちは、相手にわかってほしいと思って語る。ほかの人には何度も説明したことでも、新しい相手を前にすれば、何も知らないその相手にわかるように、最初から

伝えていくことになる。

世間一般的には、簡潔にまとめて話すことがよいとされる。クライアントのなかには、最初からうまく手短に話すことができないのを申し訳なく思うのか、私に謝ってくる人もいる。うまく説明できなくて申し訳ございません、と。その人はこれまでに、「手短に話せ」「回りくどい」「何が言いたいのかよくわからない」などと言われてきたのであろう。しかし、相手にわかってもらうためにはどこから話せばいいのか、どの程度くわしく話すべきかは、わかりにくいことなのである。語る身になってみれば、それは深刻な悩みどころとなる。

ジェイミー・オリヴァーという世界的に有名なイリギス人シェフがいる。メディアへの露出も多く、書籍、テレビ番組、YouTubeなどでさまざまなコンテンツが制作されている。検索すればすぐに出てくると思うので、見てみてほしい。

日本の料理番組は、材料の分量などを提示し、一つひとつの手順を丁寧に説明している。ところが、ジェイミー・オリヴァーの料理の手順説明は実にざっくりしたものであり、調味料などの分量も適当である。ある程度料理をする人にとっては、このくらい簡潔な説明のほうが、余計な説明を聞かずにすむので、気持ちいいだろう。逆に初心者にとっては、あまりにもシンプルすぎて、そのレシピに取り組もうという気になれないかもしれない。

つまり、どこから、どの程度くわしく話せばよいかは、相手次第である。しかし、「相手に合わせる」というのはなかなか難しいことだ。料理を例に挙げたが、メンタルヘルスにかかわる領域でも、たとえば障害名や診断名について話をするとき、聴き手がそうしたことに関してどの程度知識をもっているかによって、話し方は異なってくる。そして、説明する側にとって、それは明白なことではない。

「説明」という語り

私たちは相手に何かを伝えようとするとき、そのことについての「説明」を試みる。その「説明」という語りには、ある特徴を見出すことができる。それは、「出来事について述べる」という方向性である。つまり、何が起こったのか、どうして起こったのかについて語るということだ。すでに起こってしまった出来事の説明なので、結末もわかっている。

クライアントがカウンセリングに来たのは、これからどうしたらよいのかがわからないためであろう。実際に、クライアントから、「これからどうしたらよいのでしょうか」と尋ねられることもある。ただ、クライアントが語る内容は、すでに起こってしまったことなので、起承転結の揃った話になる。

一つ例を挙げよう。みどりさんは、キャリアコンサルタントの資格をとりたい人の支援をしている。以下に示すのは、みどりさんが語ってくれた悩みの抜粋である（『ナラティヴ・セラピーのダイアログ[2]』より）。

カウンセラー：えっと、今日ね、話をしてもいいと思うことがあったということなんで、それについて、少しお聞きしてよろしいですか？

みどり：はい、あのー、私はキャリアコンサルタントっていう資格を持っているんですけど、その資格をとりたいっていう人のサポートをしていて（カウンセラー、以下C：はい、はい）。あの、まぁ合格率一五・五％ぐらいの資格なんですね（C：はい）。で、それを、同じ職場の人でその資格をとりたいっていう人が今回は一二名いて（C：おぉ、はい）。で……これは一年に二回ある試験なので（C：はい）、夏はほぼほぼ難しかったんですけど、このー今回の冬のシーズンでは六名は合格しましたと（C：ほぉ！ はいはい）という、ここ最近のことなんですけど、何回受けても合格しないというある一人の女性のことがぁ（C：はい）、すごく気になっていて（C：うん）。あのーみんなと一緒のように、なことを伝えて、一緒に勉強はしているし、彼女自身も熱心に、例えばその、録音の振り返りを逐語にしてくれたりとか、しているにもかかわらず、難しいというところに、どうサポートしていいかわからない、ということを結構ずっと……困ってたり悩んでたりします。

このみどりさんの説明は、次のように聞こえる。「職場に資格をとりたい人がいて、一緒に勉強するし熱心に取り組むのだが、何回試験を受けても合格しないので、どうサポートすればいいいかわからない」。

このような描写的な説明に対して、私たちは、それについてよりくわしく語ってもらおうとする。どのような支援をしてきたのか、その人は何がわかっていないのか、その人はどんな人なのかなど、みどりさんのこれまでの取り組み方や同僚の特徴などについて、さらに知ろうとするだろう。

その際、たとえば教育学になじみのある人であれば、みどりさんの指導法について関心を抱くかもしれない。あるいは精神医学になじみのある人であれば、その人がもっているかもしれない障害の種類に関心を抱くであろう。

いずれにしても、このような語りは、「熱心だが、何回試験を受けても合格しない」という結末に向けられるものである。したがって、その「合格しない」という結末は必然的であるということがより強く感じられるようになっていく。つまり、何回試験を受けても合格しないことの理由がくわしく描写されていくのである。

このような語りを聴いていくと、聴き手はやがて手詰まり感を覚えるようになる。そして、聴き手はそこにとどまっていることができずに、何らかの打開策を講じようとする。そのときに私たちがしたくなるのが、アドバイスというものであろう。

有効かもしれない教育学的方法論、あるいは当てはまりそうな精神障害名などが思い浮かび、そのことを伝えたくなる。そのなかには、相手にとって参考になる話が含まれることもあるだろう。しかし、先に示した語りが作り上げてしまった方向性を変化させることは、なかなかできない。「熱心だが、何回試験を受けても合格しない人」が、依然として目の前にいる。

そのような人は、パターンを変えて、私たちの前に頻繁に現れる。「何度も注意するけど、いつも宿題を忘れる子ども」「何度も指導するけど、いつも同じところでミスをする部下」……。こうして挙げてみると、話題として身近に感じられるのではないだろうか。

このような方向性でいくら語っても、そうした人は、私たちの前に居続けるのである。そして興味深いことに、その人が、転校、卒業、転職などにより私たちの前からいなくなっても、別の「何度も言うけど、変わらない人」が私たちの前に現れるのだ。

語りにおける二つの側面

このような語りの方向性を変える試みとして、その人のよい面に焦点を当てるというものがある。つまり、ポジティブに捉え直してみようということだ。「熱心だが、何回試験を受けても合格しない」という例でいえば、「熱心」なところに焦点を当てようとすることになる。

こうした試みを粘り強く行うことによって、みどりさんに希望を与え、「くじけずにもっとかかわってみよう」という気持ちをもってもらえる可能性がある。人が粘り強く何ごとかにかかわるのは大切なことだ。

ただ、それでも、まだある側面に焦点が当たっていない。そのことについて考えてみよう。私たちの語りには、大きく分けて二つの側面があると考えることができる。それは、具体的に何をしたのかという「行為」の側面と、それがどのような「意味」をもっているのかという側面である。

マイケル・ホワイトは著書のなかで次のように述べている。[3]

ブルーナーは、文学理論家であるグレマスとコルテスから大いに借用して、ストーリーは主に二つの風景――「行為の風景」と「意識の風景」から構成されていると提案した。行為の風景とは、ストーリーの「題材」であり、プロットを構成する一連の出来事（スジェート）と基本的テーマ（ファーブラ）である。意識の風景は、「その行為に関わる人びとの知っていること、考えていること、感じていること、ないしは知らないこと、考えていないこと、感じていないこと」から成る。[5] この風景は、ストーリーの主役たちの意識を取り上げており、行為の風景の出来事への彼らのリフレクションから成ることが大きい。[4]

ホワイトによれば、私たちの語りは、行為の側面と意識の側面（風景）から構成されている。ナラティヴ・セラピーでは、意識の側面を、ある行為に対する意味づけであると見なし、「意味の風景」と呼ぶ。ストーリーのなかでは、そこで何が起こったのかという「行為の風景」と、その出来事はどのような意味をもつのかという「意味の風景」が描かれるのである。

私たちが人に対して何かを説明するとき、「行為の風景」が優先されることは明白であろう。何が起こったのか、誰がいたのか、誰がどのように振る舞ったのか、誰が何を言ったのかというような話が、中心的に展開されることになる。

普段の会話のなかでも、人の話を聴いていると、「行為の風景」だけを延々と描写しているのを見出すことは多い。特別な出来事について描写している場合は関心を維持できるのであるが、ごく身近な人が日常的に経験する出来事をくわしく語ってもらっても、集中力がどこかに行ってしまうことも往々にしてある。

ストーリーは、話し手にとって、その出来事はどのような意味があったのかという「意味の風景」が語られることによって、十分なものとなる。

ところが、「行為の風景」だけを聴いた聴き手は、そのことに対する意味を汲み取ってしまいがちである。つまり、「行為の風景」と「意味の風景」を対にして聴くべきなのに、「行為の風景」に、聴き手自身の「意味の風景」を組み合わせて理解してしまうのである。

私自身の例を挙げてみよう。

私は二〇二〇年三月、ニュージーランドを発ち、ワークショップなどをするために、一ヵ月間滞在する予定で日本を訪れた。私が日本に着いてほどなく、新型コロナウイルスの感染が拡大した。ニュージーランド政府は国境を封鎖し、非常に厳しいロックダウンに移行したため、四月一日に予約していた帰路の飛行機がキャンセルされてしまった。ニュージーランド航空は六月末に運航を再開したのであるが、いろいろな事情があり、私が飛行機に乗れたのは七月末のことであった。結局、一ヵ月の予定が、日本に五ヵ月間滞在することになった。そして無事にニュージーランドに戻ることができたのであるが、そこでも、政府の方針によって一四日間、ホテルに強制的に隔離されることになった。

以上の説明は、見事なまでに「行為の風景」のみが示されている。まったくといっていいほど、「意味の風景」が含まれていない。つまり、私にとって、この出来事がどのようなことであったかがまったく描かれていない。

ところが、このような話を人にすると、多くの人は、私に同情してくれる。たいへんだったね、と言ってくれるのである。

ここで、私たちが陥ってしまいがちなことに気づくことができるだろう。私たちは、人の語りを「行為の風景」を中心に聴いている。同時に、その出来事がその人にとってどのような意味をもつことなのかを想像しながら聴く。そしてその二つをもって、「理解した」ということになるのである。

共感ということ

「相手に共感する」ということが、カウンセリングにおいて強調される。「行為の風景」と「意味の風景」の視点で眺めてみると、共感という概念をもう少し深く理解できると思う。

一般的には、共感とは、聴き手が相手の身になって、「意味の風景」を汲み取るということになるのであろう。ところが、それは、私たちの推測でしかない。そして、このようなストーリーの意味づけをめぐる推測は、社会文化的なステレオタイプの反映となっている可能性が十分にある。

共感とは、相手が何を感じ、どのような意味を見出しているのかを、聴き手である私たちがしっかりと感じ取るということである。それは、「行為の風景」から私たちが勝手に推測した意味づけを提示することではない。その出来事に対して、どのような「意味の風景」を見出しているのかを相手に尋ねてみることなしに、共感するとはいえない。

新型コロナウイルスのために帰国できなくなってしまった私に同情してくれることや、「たいへんだったね」という言葉をかけてくれることは、無意味なことではない。私を案じる気持ちをその人がもってくれているということに対して、ありがたいと思えるし、温かい気持ちになる。

しかしながら、私がそのことをどのように受け止めていたのか、つまりどのような「意味の風景」を見ていたのかについて、共感されることにはなっていない。実際のところ、私は、久しぶりに長い期間日本で生活する機会を得られたし、普段ならできなかったようなオンラインのワークショップをすることもできてよかった、と思っていたからである。「たいへん」とは感じてもいなかったのだ。

新型コロナウイルスのパンデミックは、私たちの生活に多大な影響をもたらした。私には想像もできないようなつらさや苦しみが実際に生じているという事実は、十分に承知しているつもりである。ところが、そのようななかで私は、たいへんだと感じていなかっただけでなく、いろいろな可能性を発見していたのだ。

これは一個人の体験であり、一般的なものとして還元してほしくない。私が懸念するのは、「たいへんな状況でたいへんと感じない人もいるのだから、あなたもそうあるべきだ」というような教訓めいたことが、苦しんでいる人に向かってしまうことである。

それでも、カウンセリングというものが個人的な話をすることができる場であるとするならば、私の「意味の風景」をもって、私の体験を理解してほしいと思う。それは、ニュースで報道されるような一般的なものとは異なるかもしれない。だからこそ、個人的な話ができるカウンセリングの場では、一般的ではないところを聴いてもらいたいのである。

「行為の風景」については、誰に話そうとも同じような話になる。しかし、「意味の風景」は、きちんと聴いてくれる人にしか話そうとしないと思うのだ。ましてや、自分自身の「意味の風景」

を語る前に、聴き手の「意味の風景」を提示されてしまうと、自分の「意味の風景」は話さなくてもいいかな、という気持ちになる。相手がせっかく同情してくれているのに「違うんです」と言うのは、申し訳ない気がする。

「意味の風景」の語りを聴く

ストーリーには、二つの側面、「行為の風景」と「意味の風景」がある。そして「意味の風景」は、話し手だけでは十分に語ることができないものである。それを語るには、そのことに興味や関心を向けてくれる聴き手の存在が必要になる。

ここで、みどりさんとの会話に戻ろう。

「職場に資格をとりたい人がいて、一緒に勉強するし熱心に取り組むのだが、何回試験を受けても合格しないので、どうサポートすればいいかわからない」という語りの「意味の風景」とは、どのようなものなのだろうか。みどりさんにとって、この出来事がどんな意味をもつのかということを語ってもらうために、どのように問いかけることができるだろうか。

「意味の風景」をめぐって問いかける際に、ベースとなる質問がある。それは、「そのことは、あなたにとってどのような意味をもつことだったのでしょうか?」「そのことは、あなたにどのような影響をもたらしたのでしょうか?」といったように、まさしく意味を問う質問である。このベースとなる質問を、話の流れや内容に沿って変化させながら使っていくことになるだろう。

このような質問によって、人は、どうしてこれほどまでに自分は悩んでいるのか、どうしてこのことを苦に思っているのか、どうしてこのことをなんとかしたいと思っているのか、などに目を向け、それについて表現しようと試みるようになる。

すでに何度も誰かに相談してきた人は、出来事をめぐる「行為の風景」を繰り返し語ってきたかもしれない。しかし、「意味の風景」を十分に語ることはできていないものである。往々にして、「意味の風景」の語りとは、話し手が自分の内面に向き合い、自分が感じていること、考えていることなどを探りながら表現していくようなものとなる。自分の内面をきちんと表現することができているかに気を配りながらの語りとなる。

みどりさんとの会話においては、カウンセラーは次のような質問を投げかけている。[2]

カウンセラー：なるほど、その困ってること、悩んでることとの、どう言おうかな、えーと、大きさというか（みどり、以下M：はい）、なんかみどりさんに与える影響のね、強さというか、そのへんを少し教えてもらっていいですか？

カウンセラー：はい、はい、なるほど。でぇそういうね、いわゆる大切な、受かってもらわなくちゃしょうがない（M：はい）というか（M：はい）、そういう人を支援しながら、五回……ね、落ちてしまっているということによって、みどりさんにどう……今ね、こうそのことが影響してるんですか？　立場上であったり、個人的にあったりね、その人との関係性であったり（M：はい）、落ちたことによってみどりさんにね（M：はい）何かしらこう影響してると思うんですが、それはどういうことなのか、教えてもらっていいですか？

このような質問を受けて、みどりさんは次のように語ることができた。

みどり：私自身はそのキャリアコンサルティングを学びたいとか、これをどう伝えていって……いこうかっていう、自分一人のセルフイメージはどんどん勉強して力も上がってきている、と思っているのにぃ、その彼女に対して効果的な、まぁ関わり方ができていないことに関して、そしてもう……結果がわかる前からきっとダメだろうと思っていた。というか試験前に何度も見ても、彼女は大丈夫だろうという確信が私にも持てない（C：ああ、なるほど）だから気休めで受かるよとか……も言えないとか、でも彼女は必死で受かりたいと思っていることは、伝わってはいるけれど（C：はい、はいはい）。そういう意味では……やっぱり苦しい、私も苦しい……し、なんかこう、行き届かなさ、至らなさを感じる？

カウンセリングにおいて、クライアントが自由に語ることによって「行為の風景」も「意味の風景」も十分に描写されるのであれば、聴き手が促す必要もないだろう。しかし、ある側面については、聴き手が問いかけ、聴く姿勢があることを提示しない限り、話せないものである。

私たちの社会文化において一般的に広まっている意味づけを離れて、話し手の個人的な意味を語る機会こそが、一対一のカウンセリングの場面で求められることなのである。「行為の風景」と「意味の風景」という見方を手にすることによって、そこに焦点を当てやすくなるであろう。

そして、「意味の風景」の語りを聴くとき、人それぞれのストーリーを聴いていると実感することができる。世の中には、同じような出来事があふれている。そして、その出来事に対する「行為の風景」も、ときに同じような様相を帯びる。しかし、その出来事のもう一つの側面である「意味の風景」は、見事なまでに人それぞれなのである。

〔第9章〕

アイデンティティをめぐる描写

セラピーを求める人々の多くは、人生における問題を、自分自身のアイデンティティか他者のアイデンティティ、ないし自らの人間関係のアイデンティティの反映だと信じている。このような理解は人々の問題解決努力を形作り、そして不幸なことに、この手の努力が決まって問題をこじらせる。言い換えると、人生における問題は自分の本質や性格、ないし自らの人間関係の本質や性格についての「真実」を反映しているとする信念が、なおさら強化されるわけである。端的に言えば、問題は自己ないし他者の自己に内在するもの、つまり実は自分ないし他者が問題なのだと、人々は信じるようになる。そしてこの信念は、解決しようとしている問題の中に人々をますます沈み込ませるほかない。

——ホワイト〔1〕

アイデンティティという視点

カウンセリングにおいて、クライアントの語りに耳を澄ましていくだけで、クライアントがみずから自分の求める答えを見つけることがある。人に話を聴いてもらうという体験は、実に多くのことをもたらすのである。

しかし、当然のことながら、それだけでは十分でないときもある。傾聴や受容、共感だけでは、どうにもならないこともあるのだ。そのようなとき、何らかの方策を検討し、カウンセリングのなかで能動的に用いていくことになる。

方策にはさまざまなものがある。感情に焦点を当て、自分の感情に気づき、言語で表現し、それを受容してもらうことによって、癒やしにつながるというもの。行動に焦点を当て、その変容を目指していくもの。過去の重要な体験に遡り、その体験の意味や影響に取り組んでいくもの。物事の受け取り方、つまり認知に焦点を当て、その変容を目指すもの。これ以外にも多くのアプローチがあり、それぞれのアプローチにはさまざまな亜型があるので、方策の種類は膨大な数にのぼる。

ここでは、どのようなアプローチをとろうとも、カウンセリングで取り組むべき、大切な視点の一つについて述べてみたい。

それは、アイデンティティである。アイデンティティとは、私たちがどのような「人となり」をもった存在であるのかを示す描写である。

人に与えられる名称は、社会文化的な文脈で意味づけられており、その人の社会でのあり方に多大な影響を与える。つまり、その人が自分自身をどのような存在であると感じ、人間関係のなかでどのように振る舞っていくのかということである。

アイデンティティという言葉には多様な定義があるが、ここでは、社会生活を営むうえで、自分が何者なのかということを、本人あるいは周囲の人がどのように理解していくかを示すもの、としよう[2]。

人生を生きていくうえで、私たちは、「自分は何者か」ということを人に提示する。そして、それが自分自身であるかのように振る舞うことになる。

自分が何者かを人に提示する典型的な場面は自己紹介であろう。自己紹介をするときに、何の違和感も抱くことがないのであれば、それは幸せなことである。

人に伝えやすい自身の描写とは、社会文化的に「普通ではない」と見なされる含みをもたないものである。「高校生です」「大学生です」「社会人です」「主婦です」「母親です」などの描写がそれに当たる。人生の標準的な路線のうえを走っているとき、言い換えれば、ごく普通と思われるような人生を送っているときには、自分についての描写を相手に伝えるのはそれほど難しいことではない。

相手が自分に抱く評価が高くなるような描写もある。たとえば、「（有名大学の）○○大生です」「社長です」「医師です」「県庁に勤めています」など、聞いた相手が「すごいですね」と返してくることが多いものだ。自分について過大な評価をされてしまいそうなときには、このような描写をためらうこともある。たとえば「社長」という響きが社会文化的に見て大げさに感じられそうであれば、「ちょっとした会社を経営しています」などと言って、相手があまり過大に受け取らないように調整する。私は最近縁があって、東京大学で学んでいる人とつながりができているのだが、東大生であることを人に伝えるのは、ときに居心地が悪いものだと感じる。なぜなら、それを聞いた人はみな、判で押したように同じ反応を示すからである。

人生の標準的な路線に乗っていると感じられないときの自己紹介は、これとは違う意味で、居心地の悪さを伴う。学校にちゃんと通えていない、定職に就いていない、離婚した、発達障害がある、持病があるといったことが生じた場合、私たちは、自分が何者かをわかってもらうためには、そこを伝える必要があるのではないかと思ってしまう。そのとたんに、それを伝えたら相手は自分をどのように見るのだろうかということが気になっていく。

自分は何者なのかを示す描写は、自分がどのような存在であるかを自他に対して宣言するようなものである。そこでは、人が自分にどのようなまなざしを向けるのだろうかという不安が伴う。

診断名や障害名がアイデンティティの一部として内在化される

人生のなかで、さまざまな苦悩や問題に直面して、人は自分がどのような存在であるかについて考えざるをえない。そして、苦悩や問題、あるいは疾患名や障害名が、自分自身の一部と化していくのである。それは、そのような問題が解決されたり解消されたりしても、簡単になくなるものではないようだ。

たとえば、うつ病になったとしよう。これは、一時的に風邪をひくということとは、まったく異なる経験である。いくら周りの環境が悪かったとしても、うつ病になってしまったことに対して、自分自身のなかに何らかの要因を見出そうとすることは避けられない。自分の弱さであるとか、起こったことへの対応のまずさといったことを直視せざるをえない。

そしてひとたびうつ病になると、「うつ病になった人」というアイデンティティを自分のなかに取り込んでしまうことがある。たとえうつ病から回復したとしても、そのようになった原因が自分自身のなかにあるという理解様式が根づいてしまうと、その原因である自分がまだそこにいることになるのだ。

例を変えて、不登校について考えてみよう。中学校で不登校だった人が、高校または大学にきちんと通えるようになっても、自己紹介のときに、自分は以前不登校でした、と語ることがある。

それを聴いて、この人はいつまで不登校のことを自己紹介の一部にし続けるのだろうか、と考えてしまったことがあった。

逆に、不登校経験のある人が、そのことをみずから話さないときもある。しかしその人の知人が、不登校であったということが重要な情報であるかのように、それを私に伝えてくる場合がある。いつまで経っても、不登校という出来事をその人に紐づけて、その人のアイデンティティの一部として見なしていくのである。

うつ病にしても、不登校にしても、それが本人にとってどのような意味をもつのかは、人それぞれのことである。どんなことが人生に生じたとしても、それは、ネガティブな意味合いだけをもつわけではないはずだ。私たちは、起こった出来事を人生上の大切な経験として生きていくことができる。そのような人は、カウンセリングの場を訪れることはないのだろうと思う。しかし、人によっては、ネガティブな意味合いが優勢になってしまうのである。

診断や障害の描写を与えられた人が、それをどんなふうに使うようになるのかを見ていくと興味深い。「私、うつ病なんです」「私、不登校なんです」「私、発達障害なんです」といった表現を聞いたことがあるであろう。この表現では、「私＝うつ病」ということになってしまう。そう、診断名や障害名は、その人が誰なのかというアイデンティティとなるのである。

専門家も、すでに診断のついている人についてほかの専門家に話すとき、その診断名を率先して伝える。「この人、発達障害があるんですが、コミュニケーション能力に課題があって……」

といった説明を聴くことは日常茶飯事である。

すべてのうつ病の人が同じような人なのだろうか、すべての発達障害の人が同じような人なのだろうか。当然のことながら、まったく異なる。こうした診断名や障害名は、実際のところ同じ状態像を指し示しているのか、実に不思議に思う。

ところが、その人について語るときに、うつ病であるとか、発達障害であるということしか伝えられていないにもかかわらず、私たちは、その人がどのような人なのかについてのイメージをもってしまう。細部についてはわからないのに、その人を知っている気持ちにさえなる。私たちがついやりとりしてしまう実に簡単に要約された描写を、ナラティヴ・セラピーでは「薄い記述（描写）」と呼ぶ。マイケル・ホワイトの言葉を引用しよう[3]。

文化人類学者のクリフォード・ギアーツは、今や古典となっている彼の「厚い記述――文化の解釈学的理論をめざして[4]」において、「薄い記述」と「厚い記述」を併置している。これらの用語は、ギルバート・アイルから借用されているが、諸個人の行為についての薄い記述とは、当の行為を続けている人の解釈を排除する記述のことである。薄い記述とは、諸個人のコミュニティがこれらの行為に関する意味を共有できるようにする、特定の理解体系や協議実践を排除する実践でもある。薄い記述とは、典型的には、人々が生きているコミュニティやほかの人々の人生を研究している、いわゆる外部の人々の「観察」によって到達されるものだとされている。[5]

「薄い記述」とは、外部の人である専門家が、当の本人に、その行為に関する意味を尋ねることもなく、観察によって作り上げてしまうものだという指摘である。恐ろしいのは、それを与えられた人は、それが自分についての適切な描写であるということを受け入れ、内在化してしまうことである。

将来を示唆するものとしてのアイデンティティ

診断名や障害名に限らず、人生のなかで生じたことが、私たちのアイデンティティの一部となってしまうことがある。虐待を受けた、親が離婚した、日本国籍ではない、ＬＧＢＴＱである、持病がある、など、さまざまなことが人のアイデンティティを構成する重要な要素となっていく。その描写は、往々にして非常に簡潔であり、かつ強力である。

ここで、「私は○○です」という宣言文のように受け取れる表現の重みについて考えてみたい。この描写は過去についてのものなのだが、将来にもつながってしまうのである。

なぜ「アイデンティティ」を重要視するのかを端的にいえば、アイデンティティは「今」のことだけではなく「将来」のことでもあり、その人のこれからの人生に大きな影響をもたらすからなのです。前向きなことを示唆するアイデンティティと、否定的なことを示唆するアイデンティティでは、その人が抱く将来像、つまり自分が将来どこに到達できるかという漠然とした期待に、大きな差が生じると容易に想像できるでしょう。将来に向かう未知の旅路を支えてくれるのは、個人が自分に向けることのできる前向きさです。この前向きさは、個人だけでつくり出すことはできず、その人を支えるまわりの存在も重要な役割を果たします。そのため、できないと思い込んでしまうようなアイデンティティではなく、困難を乗り越えてでもやっていける可能性を抱かせるようなアイデンティティをつくりあげることが求められるのです。

（伊藤、国重[2]）

右の引用は、アイデンティティが将来を決めてしまう、と言っているのではない。「自分が将来どこに到達できるかという漠然とした期待に、大きな差が生じる」ということである。自分自身に対してもつ期待の程度が将来に大きな違いを生む可能性が高いことは想像できるだろう。

ある問題や課題に直面して、専門家のアドバイスに従ってその場を乗り切れたというだけでは、自身に原因を見出す問題を他人の世話によって解決したにすぎない。そのような経験のなかから、人はどのような自分自身を見出すことができるだろうか。問題や課題を解決するということは、本人にとって切実なニーズであろう。カウンセリングを受けて、その人は自分のアイデンティティとなるような、どのような描写を手にすることができるのだろうか。それはその人の将来にかかわることなので、検討に値するのである。

アイデンティティをめぐる豊かな描写

人のアイデンティティを「ひとくくりにしてしまう[5]」薄い描写は、人の一側面だけに焦点を当て、ほかの側面をないがしろにする。薄い描写から得られる問題に取り組んだとしても、その人がもっている独自の人間性であるとか、考え方とか、大切にしていることに焦点を当てることにはつながらない。

問題解決に焦点を当てることにあまりにも慣れ親しんでいる人は、その人がもっている独自の側面は、問題解決とあまり関係ないように思うかもしれない。しかし、自分がどのような「人となり」であるのかということを本人がしっかりと手にする機会をつくることは、実に必要なことなのだ。なぜならば、問題解決は過去に取り組むことであるが、それだけではなく、将来に向けて進んでいく必要があるからだ。

ここで私たちが取り組むのは、薄い記述で見えにくくなってしまった側面に焦点を当てることによってもたらされる「厚い記述（豊かな描写）」である。

それ（訳注：薄い記述）とは逆に、諸個人の行為についての厚い記述とは、当の行為をする人々の解釈によってもたらされるその行為についての記述や、諸個人のコミュニティがこれらの行為に関する意味を共有できるようにする、特定の理解体系や協議実践を強調する記述のことである。行為に関する厚い記述には、その行為が直接に関係している諸個人のコミュニティの意味が、刻み込まれている。（ホワイト[3]）

これは前章で触れた「行為の風景」と「意味の風景」に密接に関係してくる。さまざまな問題、それをめぐる行動が、その人にとってどのような意味をもつのかということが大切になるのである。

問題を起こした、問題に打ち負かされたといった「結末」については、クライアントはいくらでも語ってくれるであろう。しかし、そのことでどのような影響があったのか、どのような意味を見出したのかを語るためには、そこに目を向けさせてくれる他者の存在が必要となる。そして、そのことを語れるのは、本人のみであろう。カウンセリングの場でそのようなことを語って初めて、自分の話をきちんと聴いてもらえた、自分のことをわかってもらえたという感覚につながる。

アイデンティティをめぐる描写について語るという視点を手にしてみると、人の語りのなかで焦点を当てたくなるところが異なっていく。

一般的な語りのなかでは、「なぜできないのか」というストーリーラインに焦点が当てられる。

「なぜできないのか」ということに対して、因果関係を明らかにするようなストーリーを導き出そうとするのである。日常の語りは、このパターンに倣っていくことが実に多い。その語りからは、事を起こした責任者が明確に浮かび上がっていく。

一方で、その人が将来に向けて大切なことを手にするような語りをしてもらいたいのであれば、プロセスに焦点が当たることになる。

その人は、苦境のなかで、どのような思いで耐えたのだろうか。問題を前にして、どんなことを試みたのだろうか。誰に助けを求めようとしたのだろうか。根本的な解決とはならなかったかもしれないが、どのような人の存在が支えとしてあったのだろうか。問題を解決するどころか、その人をより追い詰めるような言動に対して、どんなふうに抵抗を試みたのであろうか。このような側面に焦点を当てることができるであろう。

私たちは、苦悩や問題のために苦しんでいる人を前にして、その人が逆境をなんとか乗り越えることを願っている。そのときにどのような話を聴くことが、逆境を乗り越えることにつながるだろうか。私たちは、そして本人も、単なるアドバイスのような手段の提示によって、乗り越えられると感じるのではない。その人が、その場を乗り切れるようなアイデンティティをもっていると感じ取ることができるとき、将来到達できるところをめぐっての期待が変わっていくのである。

再著述する会話

ナラティヴ・セラピーでは、人のアイデンティティについて新たな視点から語っていくことを、「再著述する会話」と呼ぶ。薄い描写によって一元的に語られたアイデンティティではなく、本人の「人となり」を豊かに描写するような会話のことである。

マイケル・ホワイトは、一五歳の少年リアムと、その母親ペニーとの取り組みを紹介している。[3] ペニーとリアムは、父親（ダニエル）の暴力から逃げ、二人で新たな生活を始めた。ところが、リアムは、学校に行かなくなり、閉じこもるようになってしまった。リアムの日記は自殺のことでいっぱいで、二度も自殺のまねごとをしていた。ペニーは「リアムは人生への興味を失ったまま」で、希望を失いそうだとホワイトに伝えた。

ホワイトは、「虐待された母子」や「自殺企図をしている子ども」というような薄い描写の延長線上にはないストーリーを語ってもらうように、ペニーとリアムにインタビューする。

その語りにおいて、リアムが父親からの虐待を恐れず母親を助けたことや、満足に食事をすることができないでいた学校の友人のために、自分の家の食べ物をせっせと学校に持っていったことなどが語られる。そうした行為についての意味を、ホワイトは、ペニーとリアムに確認していく。

そのような語りが紡がれていく先には、まったくといっていいほど異なるペニーの姿が現れてくるのだ。

M（マイケル・ホワイト）：ペニー、リアムがダニエルに連絡するという一歩を踏むのを目の当たりにしたら、それは、彼がそうする目的についてあなたに何を語るでしょう？

ペニー：おそらく、彼が自分の希望にもっと結びついていたいということかしら。そうね、希望をもう一度拾い上げること。

M：リアムがこうした希望をもう一度拾い上げるのを目の当たりにするのは、あなたにとってどんな感じですか？

ペニー：すばらしいわ。とにかくすばらしいことよ。

M：リアムは？

リアム：うん。母は正解。希望をもう一度拾い上げることと関係していると思う。

かくして、母子は、失いかけた希望をもう一度拾い上げることになったのである。

カウンセリングの会話のなかでは、何も変わらない事実の確認が行われるのではなく、まさしくさまざまなことが生成されていく。これは、対人支援を行う者は、自身の言葉の使い方や質問によって、何らかのものを生成することに関与しているということを意味する。ここで本質的な問いが浮かび上がる。私たちはいったい何の生成に与しているのだろうか、という問いである。

『兄がこころから幸せを願っている』

Dさんは、過度なストレスのため、上司に勧められてカウンセリングを受けることになった。たしかに仕事は忙しく、私生活でも、結婚、子どものこと、引っ越しと、さまざまなことに対処しなければならない時期であった。

そのようなストレス要因をだいたい語り終わった後で、Dさんは、最近ずっと気に病んでいるということについて話し始めた。それは、兄の死についてであった。

Dさんの両親は再婚しており、兄は母親の連れ子であった。両親は再婚してから、二人の男児（Dさんと弟）を授かった。

Dさんの兄は、青年期から精神障害のために精神的に不安定なところが多々あった。とくに母親に対する反応が厳しかったために、施設で生活するようになった。

その兄が、先日施設で亡くなったとDさんは話してくれた。ヘビースモーカーであることに加えて、さまざまな持病があったので、心筋梗塞で亡くなってしまったのである。

亡くなる少し前に、兄から連絡があった。ところが、Dさんは仕事が忙しいこともあって、少し疎遠になっていた兄のもとを訪ねるのを億劫に思ってしまったのである。そのため兄に会いにいくのを先延ばしにしていたら、このようなことになった。Dさんは、そのことで、罪の意識をずっと感じてきたのである。そして、その罪の意識は、実の息子を施設に入れ、死なせてしまった母親をも苛んでいることが語られた。

私は、これまでの兄との関係について教えてもらえないかと尋ねた。Dさんは、兄はDさんと弟を本当に大切にしてくれたと話した。兄はいつも冗談を言い、食事を一緒に楽しみ、公園に連れていってくれたという。兄は、母親と再婚相手との間に生まれたDさんと弟のために、実に多くの時間を割いてくれた。

そのような兄は、Dさんがどのようにあってほしいと、どのように生きてほしいと願っているのだろうかと、私は尋ねた。Dさんにとって、その答えは明らかだった。それは、兄がこころからDさんの幸せを願っている、ということであった。それに加えて、Dさんが母親の面倒を見ること、もうすぐ生まれてくるDさんの子どもの「伯父」になるのを楽しみにしていること、幸せな家庭を築いてほしいことなどもあった。

そうした兄の思いを母親と共有することにはどんな意味があるだろうかと、私は問いかけた。兄の気持ちをしっかりと理解しておくことは、母親にとっても大切になるとDさんは伝えてくれた。そこまで確認して、最初のセッションを終えた。

次のセッションでは、最初からDさんの表情はさわやかであった。前回のセッションの後、母親のもとを訪れ、カウンセリングで話したことを母親と共有したということであった。それは、双方とも涙ながらの話し合いとなったという。

この事例では、罪の意識が家族の全員に影響を及ぼしていた。すべての人が罪の意識に苦しめられていたのである。それは決してＤさんの兄の望むところではなかったにもかかわらず。カウンセリングの場で、亡くなった兄がどのような人であったのかを思い出すことによって、兄は何を望むのだろうかということを確認することができた。そしてその兄の思いは、Ｄさんだけでなく、母親にも救いをもたらしたのであろう。

兄に対する罪の意識ではなく、兄がＤさんの幸せを願っているという確信をもって、Ｄさんは、仕事のことや家のことを着実にこなすことができるようになっていった。そして、新しい家で子どもの誕生を迎えることができたのである。

［第10章］
カウンセリングの理論

日常の会話で育まれる言語

この章では、カウンセリングの「やり方」ではなく、「理論」を学ぶことの大切さについて考えてみたい。

これまで述べてきたように、カウンセリングは、相手との言葉のやりとりを基盤とする。言葉のやりとりとは、相手の言葉を受け取り、それに応じて言葉を返していくというものである。

それは、私たちが生活を営むなかで日々行っていることでもある。だから、カウンセリングについて「ただ話して何になるんだ？」と感じ、カウンセリングで行われる会話の意義に疑問を抱く人がいるのは自然なことだと思う。

それでも、人の苦悩や問題に対応するには、相手と言葉を交わして、会話を積み上げるところからスタートする以外に手はないのである。クライアントとの接点なしには何も始まらないし、接点が生じるや否や言葉のやりとりが始まる。仮に相手が話してくれなかったとしても、カウンセラーが言葉を発しないということはないだろう。

それでは、どのような会話を積み上げることがカウンセリングにおいて必要なのだろうか。当然のことながらそこが焦点となる。人の苦悩を前にして、気楽な口調で話すわけにもいかない。かといって、ありきたりな慰めの言葉をのっけから提示しても、双方にとってむなしいだけである。

カウンセリングで想定すべき会話というのは、生活がうまく回っていることについて話すような、日常的なものではない。このことを念頭に置くなら、私たちが日々培ってきた言葉のやりとりのパターンでは対応できない可能性があることを、まず想定すべきであろう。

カウンセリングの場から見れば、日常の会話というものが、いかに社会生活の場に合わせるような言葉を積み上げることで成り立っているかがわかる。たとえば、多少体調が悪くても、問題を抱えていても、多くの人は、日常の社会生活はそのようなことを話題にする場面ではないという考えから、何も問題がないかのように話すだろう。自分自身を振り返っても、「最近どうですか？」という問いかけに対して、「元気にやっています」「まあなんとかやっています」という返事でやり過ごしていることは多い。

以前、ニュージーランドに来た日本人留学生の体調が悪くなったので、医師のところに連れていったときのことを思い出す。医師が"How are you?"と尋ねると、その学生は"I'm fine, thank you."と即答した。そのときは「元気ならよかったですね」ということで終わることなく、診察してもらえたのであるが、私たちの日常のやりとりは、これと似たようなものになっている可能性がある。

苦悩や問題を抱えている人ほど、日々このパターンが繰り返されていることを実感するのではないだろうか。これほどまでしんどいのに、どうして私は「大丈夫」「なんとかやっています」などと伝えながら生活しているのだろうか、と。

つまり、日常の会話で用いられるような、社会生活のなかで人間関係を円滑にするために育まれた言葉を、人の苦悩や問題を扱うカウンセリングの場で用いることができるとは限らないのだ。それは「日常生活を送る」という目的に適した言葉であり、別の目的には必ずしも役に立たない。それでも、普段の生活のなかで問題解決が生じることもあるし、癒やされることもある。それは会話のもつ可能性であろう。ここで考慮すべきなのは、人は普段の生活のなかで使われ、自分に向けられる言葉に、ときに傷つき、悩むということである。多くの問題は、人とのやりとりのなかで生まれていると見ることもできる。このようにダメージを与える言葉をカウンセリングの場に持ち込んではいけない、ということは理解できるはずである。ところが、それは簡単なことではないのだ。そのためカウンセリングという場においてすら、クライアントが心理的にダメージを受けてしまうこともないわけではない。

会話において、人の苦悩や問題など、日常とは異なるテーマを扱う場合、そのための指針が必要となる。これを理論と呼ぶのだと思う。

「悟りの境地」には誰も達していない

現在、私はニュージーランドのハミルトンという人口一六万人ほどの町で暮らしている。内陸部に位置し、伝統的には酪農家の拠点となるような土地であった。今では、これ以外にも教育が大きな経済活動となっている。また、ニュージーランドの主要空港であるオークランド空港から車で一時間半ほどの距離にあるので、利便性もある程度確保されている。

ときどきは日本に戻り、ナラティヴ・セラピーについてのワークショップなどの講師を務めている。二つの文化圏を行き来していると、双方の違いを強く感じることがある。その一つが、カウンセリングに関する理論をどのようなものとして受け取るか、ということである。

私はニュージーランドで、ナラティヴ・セラピーでは名の知れた、ジョン・ウィンズレイド、ジェラルド・モンク、そしてデイヴィッド・エプストンと若干の面識ができた。この人たちとのつながりを通じて、そしてほかのニュージーランド人との交流を通じて感じ取ったのは、彼らは論文や本を書くときに、自分の理論を実現可能なものとして書いている、ということである。この延長線上で理解するとすれば、カール・ロジャーズだって自分のカウンセリングの原則を可能なるものとして書いたはずである。

これに対して、日本人にありがちな姿勢とは何かというと、理論を実際には（少なくとも凡人には）到底実行できない理想として見なすというものである。多くの人がそのような姿勢をとっているので、自分はその理論どおりのことができるというような、そんなたいそうなことを言いたくないと思うし、言えてしまう人間だと見なされたくないと思うようになる。

日本人には次の喩えでピンとくるのではないだろうか。仏教には「悟り」という状態がある。そこを目指すべきといわれながら、（たぶんお釈迦様以外は）誰も到達したことのないような崇高な状態である。言葉としては広まっているが、それがどのようなものなのか、誰も実際に経験したことがない。

カウンセリングにおけるさまざまな理論についての議論を聞くとき、私はこの悟りのことをいつも思い出す。そこを目指すべきなのだけれども、確信をもって言えるのは、「おまえはまだそこまでいっていない」ということである。それはそうだ。誰もできていないのだから。それゆえに、そこにどのようにたどりつくことができるのかも、誰も伝えることができない。日本人の心理臨床家の多くは、カウンセリングをめぐる理論をこのように見なしているのではないかと私には思えるのである。

現実的なしきい値の不在がもたらす弊害

私はニュージーランドでは、基本的に英語で生活している。日本人とは日本語で話をするが、それ以外の人とは英語である。

日本人と会うとよく、英語を自由自在に話せるかという話題になる。この話せるか話せないかという話題で重要なのは、しきい値をどこに設定するかである。

私は幼少期を英語圏で過ごしたわけではないので、ネイティブの幼児が口にするような言葉を話すことも理解することも難しい。若い頃、科学に興味をもっていて、その周辺のことはそれなりに知っているが、ニュージーランドに来てそのことを話す機会もないので、英語で聞いてもなかなか理解できないし、語ることもできない。また、単語や熟語をコツコツ勉強することに興味をもてる人間でもないので、知らない言葉もごまんとある。付け加えれば、二〇代後半から英会話を学んだので、特定の音を聞き取ることは今でもできない。たとえばRの発音とLの発音をうまく聞き分けられない。このようなことから、今でも自分の英語力をもっと高めたいといつも思っている。

一方で、なんとか英語でカウンセリングを提供しているし、よほどの専門的なことでなければ、だいたいのことは英語でやりとりができる。このレベルにおいては、私は英語が話せます、と言うべきではないかと考えている。

ここで英語を話せる／話せないという話題を出したのは、カウンセリングの理論の受け取り方について論じるためである。つまり、どこかのレベルで「まあ、一応、英語を話せます」と言える線を想定してよいのと同様に、カウンセリングも、「まあ、当たらずと言えども遠からずのところでやれています」と言える現実的なレベルを想定してよいのではないか、ということである。いや、そうしないといけないのだ。

現実的なしきい値の不在が引き起こしている弊害は、いくらでも挙げることができる。たとえば、日本の心理臨床職の養成に決定的に不足しているプロセスは、ほかのカウンセラーによるカウンセリングのセッションを見る機会である。初心の者が、実際のカウンセリングの様子を見ることなしに、その技術を身につけることができるとは考えられないだろう。

なぜ、それほど人のカウンセリングを見る機会がないのだろうか。それは一つには、日本のカウンセラーにとって、自分の提供する会話が、比喩的にいえば「悟りの境地」に達しているとは思えない、ということがあると私は見ている。この境地に達しているのは異邦の地に住むとされるマスターセラピストと呼ばれるような人だけだとすれば、「自分なんかまだまだ」と思うのは当然のことであろう。

ニュージーランドでそれなりに多くのセラピストに会う機会があるが、みな自分の臨床で悩み、試行錯誤している。決して、自分はマスターセラピストであると自称するような人たちではない。

もっとも、みずからそんなことを言えるセラピストに私は魅力を感じない。

「理論」と「やり方」の違い

さて、ここからは理論を学ぶことについて述べていきたい。「やり方（技法）」を学ぶということとの違いを意識しながら考察することによって、その意義はより明確になるはずである。

カールソンら[1]によれば、心理療法における理論とは、「心理療法家が実践の大海に乗り出す際に舵取りをする羅針盤となるもの」である。彼らはさらに次のように述べる。

理論とはいったい何でしょうか。アメリカ心理学会（APA）の心理学辞典によれば、理論とは「多数の相互関係をもつ現象を説明、あるいは予測するための原則、または相互関係にある原則の集まり」と定義されています。心理療法において理論とは、どのような要因が人を変えるかということを含め、人間の思考や行動を説明するうえで用いられる一連の原則です。実践場面では、理論は治療の目標を定め、その目標を達成するための手段を明確にします。ヘイリーは、心理療法の理論とは、平均的なセラピストが理解できるぐらいシンプルであると同時に、あらゆる事態を説明できるぐらい包括的なものでなければならない、と指摘しました。[2] さらに、理論というものは、セラピストとクライアントの双方に、回復は可能であるという期待を抱かせ、よい結果に向かうための行動へと導いてくれるものです。

理論とは、羅針盤、説明、原則の集まり、回復は可能であるという期待を抱かせてくれるもの、とある。それは手段について触れてはいるが、なぜその手段を用いるのかについての説明も含むものである。理論とはやり方のことではない。これはどのようなことだろうか。

前にも触れたように、日本のカウンセリング教育のなかで、カウンセリングの技法として「傾聴」と「共感」が大きく取り上げられている。それも、それがあたかもカウンセリングそのものであるかのような扱いである。一方で、それらと比較するとわかりにくい「自己一致」とか「無条件の肯定的配慮」はあまり聞こえてこない。

私のカウンセラーとしての教育はニュージーランドのみなので、日本に帰ったとき、この二つがあまりにも大きく取り上げられていることに戸惑ったのを思い出す。カウンセリングの領域において、英語の日常的な言葉である「リスニング」を日本語に翻訳するときに、「傾聴」という専門用語となったのではないだろうか。英語では、カウンセリングに特有の技術として述べるときには、単にリスニングではなく「アクティブ・リスニング」と表現されることもあるが、それもいつもというわけではない。英語圏でリスニングといえば、カウンセリングの技術そのものというよりは、カウンセリングを提供するにあたっての前提として相手の話をしっかりと聴く、という意味で受け取られる。一方で、傾聴は、カウンセリングの特別な技法として、それも専門性や訓練を要求されるものとして、理解されているのではないだろうか。同じことを示していたはずの言葉が、言語が異なることによって、別のニュアンスを帯びていくことがある。

人とのやりとりにおいて、私たちが確実に実感することのできる次元がある。それは、相手がこちらの話を聴いていない、という状況である。自分は真剣に話そうとしているし伝えようとしているのに、相手はこちらの言いたいこと、主旨、気持ち、方向性を理解していない、あるいは関心や興味がないと伝わってくるのだ。そのことを相手に確認したとすれば、「そんなことないよ。ちゃんと聴いているよ」と答えてくれるかもしれない。しかし問題は、やりとりのなかでこちらにそれを感じさせてくれない、ということである。これは、込み入った話の細部や複雑な心情などを、正確に理解していないということではない。相手が少なくとも自分の話に興味や関心をもって付き合ってくれていると、こちらが感じることができるか否かということである。日常の会話のなかでは、このような次元で相手が自分の話を聴いてくれるような機会はあまりない。もしそのように話を聴いてもらえるとすれば、それは実に貴重なことだといえるだろう。

「しっかりと耳を傾けている」という姿勢を示せない聴き手に対して、「真剣に相手の話を聴きなさい」と伝えることの意味は、比較的明快であろう。ところが、「人の話を聴く」ということを、神秘のベールに包んでしまうこともできる。傾聴とはそう簡単なものではなく、できるようになるためには高度な専門教育を受ける必要がある、というふうに。たしかに、「人の話を聴く」ということはなかなか難しいと感じることも多々あるが、よほど訓練された人でないとできないことである、とすべきではない。

逆に専門教育が、人の話をしっかりと聴くことを妨げることだってある。いろいろな方法を学んでいくと、話を聴くこと以外にできそうなことが増える。そして、なんとかして早急に相手をよくしてあげたい、問題を解決してあげたいといった雑念が生まれるので、相手の話を聴くことに集中できずに、すぐにアドバイスや問題解決に走ってしまう。そのようなときにも、「人の話をしっかり聴くことが大切なのだ」という指針の存在はありがたい。

さて、傾聴を取り上げて話を進めてきたが、これは理論について考えているのだろうか。私は、単に傾聴という「やり方」の話をしているにすぎないと思う。理論とは傾聴のやり方のことではない。理論とは、カウンセリングという領域において、なぜそれが重要なのかを説明するものである。なぜ傾聴するのか、なぜ共感するのか、なぜ自己一致するのか、なぜ無条件の肯定的配慮が必要なのかについては、今まで理論的に積み上げられてきた経緯があり、考察がある。つまり、やり方の背景になっているものを理解しようと努めることが、理論を学ぶということなのである。どのようないきさつでこのやり方が生まれたのかという系譜学的理解、どうしてこのようにすることが大切なのかという考察が、理論を学ぶということになる。

理論を起点にするとやり方に開かれる

私はナラティヴ・セラピーを専門としているので、クライアント中心療法を専門的に学んだことはない。ただあまりにも傾聴や共感という言葉を耳にするので、ここでこのことについて述べてみたい。

カール・ロジャーズは、一九五七年、その後のカウンセリングのあり方に大きな影響を及ぼす論文を発表した。それが「心理療法におけるパーソナリティの変化を導く必要にして十分な条件[3]」である。この論文のなかで、ロジャーズは、①二人の人に心理的な接触がある、②クライアントは、不調和な、傷つきやすい、または不安な状態にある、③セラピストは、この関係において調和または統合している、④セラピストは、クライアントに対して無条件の肯定的配慮を経験している、⑤セラピストは、クライアントの内部照合枠によって共感的な理解を経験し、その経験をクライアントに伝えるような試みをする、⑥セラピストの共感的理解と無条件の肯定的配慮が最低限クライアントに伝わっている、という六つの条件を挙げ、これらがどのようなことであるかについて説明している。それぞれが意味することはよく考えてみると明瞭ではないのだが、目指しているのは現実的なところであると思える。

ロジャーズは、パーソナリティの変化をもたらすにはどのような要素が必要なのかということを検討し、先述の六条件にたどりついた。ロジャーズは、心理療法のなかで、発達障害、性的指向、アディクションのような問題ではなく、パーソナリティの変化をもたらすことに取り組んでいたのだ。彼は、これ以外の領域でも自分が見出した六条件が有用であるかのように誇張することはしていない。

歴史的変遷のなかで、「仮説」でしかなかったものが、万能な「真理」と見なされていくことがある。論文は、最初は仮説として、一種の試みを提示するという姿勢で書かれていた。それが繰り返し引用され、語られていく。そしてわかりやすく説明するという目的で、その概要はより単純化される。六条件が三条件となり、そこに含まれていない「傾聴」を含めて説明されるまでになっていった。この段階になると、試験問題としては非常に出しやすいところに落ち着いていくる。

この単純化つまりは要約を、ロジャーズはどんな思いで見ているのだろうか、と考えることがある。それは、この理論を専門にする人が話してくれる懸念や憂いが代弁しているだろう。

ここまで単純化されたものは、もはや理論と呼ぶに値しない。傾聴は、自分がしっかりと聴いていることが相手に伝わっているかどうかではなく、相手の言葉を要約するとか繰り返すといった「やり方」の話になっていく。共感も、「相手の内部照合枠によって共感的な理解」を自分が経験しているかどうか、というわかりにくいものではなく、「共感の言葉」を使って返していくというような「やり方」の話になっていく。

「やり方」の話になるとき、それはわかりやすいものとして見え、扱える。そのため教えやすいだろうし、指導しやすいだろう。そして採点もしやすいのだ。何かの検定や試験の基準にしやすくなる。この時点で、誰のためにこのような単純化が行われているのかを考えるべきである。それはクライアントのためではなく、教えたり試験したりする側の都合なのである。試験というものの存在がどの程度このような風潮に貢献してしまっているのか、もっと検討すべきではないかと思っている。

そして興味深いことに、このような形の「やり方」は、「回復は可能であるという期待を抱かせ、よい結果に向かうための行動へと導いてくれる」ものではなく、私たちを縛るものとなっていく。教わったことや「やり方(型)」をいかにそのままコピーできているか、という話になるのだ。そのような意識は私たちを、自分のやっていることが「合っているかどうか」の確認作業に向かわせていく。つまり、ここでも相手が抜け落ちていくのだ。聴き手をやり方で縛ったら、逆に共感から離れてしまうことになる。

ここで、理論を学ぶことの大切さを理解できるだろう。そのやり方がどこからきたかを理解するとき、肝心な点は、理論が目指すところにどのようにたどりつくかということになる。つまり、一人ひとりに工夫の余地があるのだ。理論が示しているところから見ると、やり方とは到達のための一つの手段であることが理解できる。ほかの到達手段があってもいい、ということを感じられるようになるのだ。

くどいが繰り返しておく。やり方を学ぶことだけに終始すると、やり方に縛られるようになっていく。一方で、理論からじっくりと学ぶことは、時間はかかるし小難しい本を読まなければいけないのだが、やり方においては開かれた状態になるのだ。

私が信頼できると感じる実践家や理論家には、著書のなかで自身のやり方がすべてであると述べるような傲慢さはない。たとえば、ナラティヴ・セラピーの基盤をつくったマイケル・ホワイトは、「問題の外在化」とか、「人生の語り直し」といったようなナラティヴの代表的な技法を、読者にコピーしてほしいと願って文章を綴っているのではない。そうではなく、なぜそのようにするのかについて語っているのである。

理論と実践をつなげていくために

ここまで理論の重要性を述べてきたが、実践につながらない理論は、対人支援の場面では机上の空論にすぎないことも忘れてはいけないだろう。つまり、理論と実践をつなげていくことが不可欠なのだ。

理論が理屈となって空回りすると感じられるのは、理論を語る人の「実践時の身体感覚」が抜け落ちるときなのではないかと私は考えている。

支援の現場において、絶対にうかつなことを言えない場面がある。たとえば、人の死に際して、あるいは怒り心頭の人を前にして、一つの言葉を発することさえ難しいと感じることがある。どう考えても解決方法などないと思うような場面もある（つい最近もあったばかりだ）。また、自分も心理的なショックを受けるような場面に遭遇することがある。自分が不用意に発言してしまい、どのように対応したらよいのかわからない状況に陥ることもある。

実践とは、テレビゲームのような危険のない世界でスポーツカーを運転したり、敵と戦ったりすることではなく、生身の人間としてそこにいることである。ゲームが好きな友人のプレイを見ていると、実に大胆に敵に突っ込んでいく。しかし実際に車を運転すると、緊張して、万が一のためにいつも備えている。実践には、自身の不安や緊張、「うまくできていないのではないか」という疑心暗鬼がつきまとう。私はかれこれ二〇年ほどカウンセリングをしてきているが、慣れた部分はたしかに増えた。しかし、今でもビビるような緊張感を経験することがある。いったいどうしたらよいのだろうかと、途方に暮れることもたびたびある。

そのようなときに私は、自分が拠り所にしているナラティヴ・セラピーの理論のなかに、この場を救ってくれるものはないだろうかと考える。困ったときや窮したときにこそ、ナラティヴ・セラピーを頼りたい気持ちになる。そして、いつもではないが、それは大切なものを提供してくれるのである。それはナラティヴ・セラピーのやり方の話ではなく、ナラティヴ・セラピーが示す哲学、思想、態度からもたらされる。

理論は、実践を通した身体感覚でものごとを理解しようとした人によって語られることが必要である、と私は考えている。そのような理論に対する理解は、教科書的でも定義的でもない。それは実体験という、何ものにも代えがたいところから発せられた言葉なのである。そうした生きた言葉から学べることは多い。それは何かを包括的に、そして十分に語り尽くしているものではないかもしれない。しかしそれは、今後発展していくものであり、次の段階につながる語りなのである。

たとえば、「相手の内部照合枠によって共感的な理解をする」ということについて、私は、何となくこのような状態のことではないだろうかという自分自身の感覚をもてている。それは確信といえるようなものではなく、淡い感覚である。自分はそれが十分にできる、と言っているのではない。それがどのような状態を指すのかということについて、自分の感覚をもって、感じ取れているところがあると思っているのである。それは、先に進んでみれば早合点だったと気づくようなことかもしれない。それでも、自分のなかのその感覚は、そこを踏み台にして次に進めるかもしれない、という期待を抱かせてくれる。それがどんなものか、単に言葉として知っているのではなく、自分の感覚も含めて知っているところがある、という状態なのである。

ここで重要な点は、私たちは、自分のなかのそのような感覚からしか、理論が示そうとするところにたどりつけないということなのだ。的に向かってボールを投げるという行為にたとえれば、それができるようになるためには、自分が実際に投げたときの感覚を使いながら、ボールの軌道を修正しつつ、的に向かって投げるということを繰り返すしかない。見ているだけでは絶対に当てられるようにはならない。実際に投げたときに自分が体験したことを足がかりにして、次のステップを目指すしかないのだ。

実体験を伴わない語りは、模範解答的ではあっても、生きたものではない。そして、理論を神秘化していく語りであるかもしれないのだ。可能なるものとして理論を語ってくれる人の言葉に耳を傾ける必要がある、ともいえるだろう。

『相手を思いやって相談しなかった』

ここで、カップル・カウンセリングの事例を紹介する。出来事を理解するための枠組み、つまり理論的説明にはさまざまなものがありうるが、この事例で起こったことを汲み取っていくにあたって、ナラティヴ・セラピーの理論的枠組みを借用してみたい。以下の引用はマイケル・ホワイトの文章である。[5]

私たちが客観的現実を知ることは不可能なので、知るという作業には必ず解釈行為が必要となる。

「生きたシステム」の出来事を説明するのに（主にニュートン力学から得られた）直線的因果律を提供することの妥当性に挑戦する中で、ベイトソンは、私たちが客観的現実を理解することは不可能だと主張した。コルジブスキーの格言である「地図は領土ではない」を参照して、彼は、出来事に対する私たちの理解や私たちが出来事に付与する意味は、出来事を受け容れる文脈、すなわち私たちの世界地図を構築する前提や予測のネットワークによって決定され拘束されている、と提唱した。彼は、地図をパターンに喩えて、すべての出来事の解釈は、その解釈が出来事の既知のパターンにどのように適合するかによって決まると主張し、それを「部分が全体のコード」になると呼んだ。[4] 出来事の解釈は、それを受け容れる文脈によって決められるだけでなく、「パターン化」され得ない出来事は生き残れないと主張した。つまり、そのような出来事は、私たちにとって事実として存在しないのである。

簡単には読めないのは承知しているが、ここでは、部分が全体のコードになる、というところに注目してみたい。私たちはある出来事を全体にわたって把握し、理解するのではなく、ある特定のパターン（理解の枠組み）をもって理解していく、という程度に捉えておけばいいだろう。

次に紹介する事例において、一つの気づきが二人の関係性を修復するのに大きく貢献した。つまり、ある一つの理解の枠組みが、カップルのものの見方全体を書き換えるほどの影響力をもった、そんな理解ができるのではないだろうか。

それでは事例を紹介していこう。

Eさん（男性）は、最近仕事に対するモチベーションを維持できないということを理由に、カウンセリングを申し込んだ。Eさんは結婚しており、小学生の子どもが二人いる。

Eさんは、これまで家族のために早起きして会社に出かけていたのであるが、朝早く起きることができなくなったと話した。早く会社に行けばそのぶん収入になるのだが、なかなかそのようにできないということであった。

いったいどのような要因が影響しているのだろうかと問いかけると、Eさんはいくつか心あたりを挙げてくれたが、はっきりしないようであった。ただ、妻との関係が少しギクシャクしていることが影響しているかもしれないと話してくれた。

最初のセッションでは、具体的にどのように取り組んでいくのかというところまでは話すことができなかったので、次のセッションを予約して終わることになった。その後、予定変更などがあり、しばらく二回目のセッションをもつことができないでいた。予定を調整するなかで、Eさんは、妻もカップル・カウンセリングに同行して、一緒に話をすることはできるだろうかと問い合わせてきた。カップル・カウンセリングをすることは可能であると伝えると、そのようにしたいのだが、妻の了解を取りつけるので少し待ってほしいと返事があった。

Eさんが妻に対して、一緒にカウンセリングに来てほしいことを伝え、了解を取りつけるまで、一ヵ月ほどの時間を要した。それでもEさんは、妻に理解してもらうように努め、一緒にカウンセリングに来てくれたのである。

カウンセリングの冒頭で、私は、Eさんとはすでに話をしているので、妻であるFさんとまず話がしたいと伝えた。そして、今日ここで話をすることについてどのように思っているのかと尋ねた。Fさんは、緊張した面持ちで、夫婦の間で理解の食い違いがあるようだということを話し始めた。

受容的な姿勢で話を聴いていくと、少しずつFさんの緊張もほどけていったようであった。Eさんも、妻がしっかりと話をしていることを歓迎している様子で話を聴いてくれたので、多くの時間をFさんにかけることができた。Fさんは、カウンセリングに来ることは自分の欠点や欠陥を指摘され、それに取り組むよう促されるだけだと心配していたということが徐々に明らかになった。

私は、「ギクシャク」が夫婦の関係性に入り込んでしまったとき、それに対して今までどのように抵抗してきたのだろうかと、二人に問いかけていった。

するとEさんは、二人の関係がギクシャクしているということを誰にも相談できなかったと話した。なぜならば、友人に妻について話すと、妻の悪い点とかよくない点を伝えることになってしまう。自分がそのように話をしなくても、友人はそう受け取ってしまう可能性があるということであった。もし二人の関係がよくなったとしても、友人は、妻のそのような側面を知ってしまっているので、友人と妻との関係性に悪い影響を及ぼすことになる。だから、妻のことを思えば、うかつに友人に相談することはできなかったというのである。

それを聴いていたFさんは、実は自分もそうなのだということを話し始めた。Fさんも友人には相談できないでいた。なぜならば、Eさんのことを悪く言うことをしたくなかったからだという。双方から互いに相手を思いやる言葉を聴けたことは、二人の関係性に大きな影響を及ぼした。その後、双方が相手のために何ができるのか、どのようにしてくれることがありがたいのかを、相手を批判するところに立たずに、オープンに話すことができた。

そこで話されたのは、「何でも相談してほしい」ということであった。夫のEさんは、家族のことを思い、家族のために一人で考え、決断し、取り組んできた。しかし妻のFさんは、一緒に考えさせてほしいと申し出た。Eさんは、そのようにしてみたいという気持ちを表明して、その日のセッションは終わった。

次のセッションでは、互いに協力してさまざまなことに取り組み始めたと二人は報告してくれた。夫婦の関係性は、よりポジティブで、オープンになったと話してくれた。そして、育児に対しても二人で協力し合うことができているということであった。Eさんは、それまで帰宅するのを少し遅らせてしまうところがあったが、今では、仕事が終わるとすぐに帰宅しているという。

ものごとを解釈するとき、さまざまな視点や理解の枠組みがある。この事例をどのように理解するのかについては、その人が準拠する枠組みによって異なっていくだろう。どの解釈が正解で、どの解釈が間違っているということではない。それでもここで、対人支援を生業とする私たちにとって大切な問いがある。それは、どの理解の枠組みが、困難に陥っている人々に、そして私たち自身に、回復は可能であるという期待を抱かせてくれるのだろうか、ということである。

ある理解の枠組みはもっともらしい解釈を与えてくれはするものの、可能性ではなく希望のなさを痛感させてしまう場合もある。私たちは、希望や可能性を抱かせてくれる理論を頼りに、臨床に取り組む必要があるのである。

〔第11章〕
カウンセラーを支えるご褒美

踏みとどまる力

本章では、カウンセラーの仕事を継続するうえで大切な「ご褒美」について考えてみたい。

カウンセリングに取り組むとき、私は、どのようにクライアントにかかわったらよいのだろうかと、毎度のごとく思い悩む。「毎度」である。過去に似た経験があるから、そのときのかかわり方を繰り返せば事足りるだろう、と思える事例はほとんどない。

ことに、クライアントが自身の苦悩や問題を語り始める冒頭においては、その苦悩や問題に対して、自分にいったい何ができるのだろうかという思いに圧倒される。何もしてあげられそうにない、と感じることもしょっちゅうある。

カウンセリングの実践とは、このように、どうしたらよいのだろうかと毎度悩むことである。どのような側面を重要視するかによって、カウンセラーに提供すべきサポートのあり方も異なる。ニュージーランドでは、臨床を継続しているすべての心理職に、スーパービジョンを受けることを義務づけている。他方、日本のスーパービジョンを見ていると、教育的な意味合いが強く、どこかの時点で「自分はもう受けなくていい」という考えが生じてしまうように思う。自分がスーパーバイザーになったら、もうスーパービジョンを受ける必要はない、というふうに。

ニュージーランドのスーパービジョン・システムは、教育的な側面だけでなく、適切なかかわりを維持するという実践的な側面も担っている。そのため、どんなに経験があろうとも、どんな立場になろうとも、臨床活動をする以上は、スーパービジョンを受ける必要があると考えるのである。

スーパービジョンで支援を受けながらも、毎度のように悩みながら、私はかれこれ二〇年近くカウンセリングを続けてきた。そのなかで、積み上がってきたものもある。ただそれは、効果的な解決方法や介入手法ではなさそうだ。

一つは、すぐには解決、改善、緩和することができそうにない事柄でも、それについて、相手と話をし続けられるようになったことである。内心、「自分に何かができるのだろうか」という疑念を抱きながらも、相手に向き合って話をする、ということを続けられるようになってきた。

慣れないうちは、つらい話題を避けようとしたり、安直な情報やアドバイスを提供したりしてしまい、相手がしたい話に向き合えないこともあった。今でもそうしたことが完全になくなったという自信はない。つらい話に耳を傾け、受け止めるというのは、やはりつらいものなのだ。

相手が苦しい話を始めたとき、できれば避けたい、逃げたいと思う気持ちがなくなったわけではない。それでも、「そのことについて、もっとお聴きしてもいいでしょうか？」「もう少しくわしく語ってもらうことはできますか？」と伝えることができるようになった。

出典は思い出せないのだが、ある精神科病棟の女性入院患者のエピソードを私は忘れられない。その女性は、過去に受けた性的虐待について、人に語ることなく封印してきた。しかし、何らかのタイミングで、今ならそれを語ることができると実感し、語ることの大切さを感じ取った。そこで、話を聴いてもらおうと、病院のスタッフに話しかけた。しかし、誰もそのような類いの話を聴こうとはしてくれなかったのである。

私は、このような思いをもった人がいつ自分のもとを訪れるかわからない、ということを忘れないでおきたい。

もう一つ、積み上がってきたものがある。それは、どれほどの苦悩や問題を抱えていようとも、人は苦悩や問題とは異なる側面を必ずもっているということを信じられるようになったことである。そこを信じられるようになったために、苦悩に圧倒されることなく踏みとどまる力がついてきたように思う。

こうした力は、苦悩や問題に当初から真っ向介入して、解決に取り組みたくなる気持ちを抑えてくれる。そして、その人がどのように苦悩し、問題に取り組んできたのかをしっかりと話してくれるまで、踏みとどまることを助けてくれる。

カウンセリングの実践のなかで、結局、私に話をしたことがクライアントにとって役に立ったとはあまり思えないケースも少なくない。そうしたケースを思い出して、「あのとき、自分に何ができたのだろうか」と考えることがある。考えたからといって、よい案が生まれるわけではない。それでも、「何か有意義なことができなかったのだろうか」という問いかけを自分に向けずにはいられない。

功労者は誰か

一方で、かかわったクライアントの状況が改善することがある。興味深いことに、そのとき、「私のかかわり」の有効性が確認できるのではない。そうではなく、クライアント自身のもつ力が確認できるのである。

たしかに相手はカウンセリングを受けて、自分自身のことを表現し、カウンセラーといろいろ話し合った。しかしそれでも、クライアントが自身の生活のなかで、実際に粘り強く取り組めたことに対して、私は称賛の念を抱くのだ。状況がよくなったことの功労者は自分ではなくクライアント自身であると、心底思うのである。

どう考えてもたやすいとは思えない事柄が、クライアントの前に立ちはだかっている。傍目からはすぐに行動できそうに思えても、本人の体験を聴いていくと、その難しさが鮮明に見えてくる。それでもその人は、カウンセリングで勢いをつけ、タイミングを計りながら、行動を起こしていくのだ。このことを、「カウンセリングにおける介入が成功した」などと単純に評価することはできない。ときに「できないかもしれない」と思いながら、クライアントに自分の生活に戻ってもらうことになるのだから。

カウンセリングにおける介入の一環として、クライアントに何らかの宿題を課して、やってきてもらうことがある。または、カウンセラーから何かを試すことを提案し、次のセッションまでに実施するように依頼することがある。

このとき、カウンセラーはそれほど難しいことは課していないと思っているかもしれないが、クライアントにとってはとても難しい場合がある。クライアントがその取り組みについて「どの程度できる」と感じているかを把握し損ねると、宿題やアドバイスといったかかわりは、クライアントとの関係性に影を投げかけてしまう。カウンセラー側は、「こんな簡単なこともやってこない」「自身の苦悩や問題に真剣に取り組んでいない」というような思いを抱くかもしれない。一方でクライアントは、「このカウンセラーは自分のことをわかってくれていない」と感じるだろう。

結果的にクライアントにとって望ましい結果が生じた場合、クライアントから感謝の意を表明してもらえることがある。その言葉をありがたく受け取りはするものの、私は、「自分がなんとかしてあげることができた」とは思えない。功労者はやはりクライアント本人だと思うのだ。

では、人の苦悩や問題に向き合い続けるために、私たち支援者にとって必要なこととはいったい何だろうか。

「ご褒美」とは

同業のカウンセラーたちが、対人支援の領域で仕事を続ける原動力をどこから得ているのか知りたいものだと常々思う。私にとってのそれは、クライアントと共に取り組んだことの成果を確認し合ったり、クライアントのその後の経過を知ったりすることである。また、ニュージーランドでスーパービジョンを継続できていることも大きい。ニュージーランドのスーパービジョンは、エネルギーの源となる。

悩みながらも日々の臨床を行っていると、たまに、とびきりのニュースを受け取ることがある。それは、この仕事をやってきてよかったと思える瞬間であり、この仕事をもう少し続けられると思える瞬間である。

カナダで臨床活動を続けるナラティヴ・セラピストのヴィッキー・レイノルズは、次のような取り組みを報告している[1]。

ファースト・ネーションズの長老であるジョーが、ボサボサの髪の毛で、はにかんだ笑顔を浮かべてカウンセリングオフィスに現れたので、私は椅子から転げ落ちそうになった（訳注：ファースト・ネーションズとは、カナダの先住民の呼称）。彼は健康状態が非常に悪いうえに、ホームレスに戻ってしまい、仮釈放係官にも連絡を入れていなかったために、福祉事務所の人たちが彼を探していたのである。誰もが彼の生死を心配していた。私たちは彼が死んだか、刑務所にいるのではないかと疑い始めた頃であった。

私は「ジョー、元気にしていたの？」と話しかけた。

彼が「地獄を這いずり回ってきた」と言うので、どのように「地獄を這いずり回ってきた」のか教えてほしいと私は頼んだ。

ジョーは、「デトックス・ワーカーのジュリーが俺を生かしてくれたんだ」と話した（訳注：デトックスとは、アルコールや薬物を体内から抜くことを目的とする入所施設）。ジョーは二回、ジュリーに吐しゃ物を吐いたが、それでも彼女は彼の体をきれいにしてくれた。ジョーがデトックスを出るとき、ジュリーは彼をドアまで追いかけてきて、寂しくなるわ、と言った。ジョーは「（デトックスで）うまくやり遂げた」ので、ジュリーは彼にタバコをくれた。ジョーはジュリーに、「失礼なことをした」と伝えた。ジュリーは「そんなことは気にしていない」と言い、「あなたがもっと敬意をもって人に接することができるのを知っている」と言った。

私は、「素晴らしいわ。そのことを彼女に伝えたの？　ジュリーに電話しましょうよ」と言った。

私たちはデトックスに電話をかけ、ジュリーをスピーカーフォンに出してもらった。

「ジュリー、ジョーが来たのよ。自分が生きているのは、あなたのおかげだって言っているわ」。

ジュリーは興奮して私の話を遮った。「ジョーが生きていたの？」。彼女は驚いていた。

私は「そうなのよ。そうなの。彼はここにいるんだけど、自分が生きているのは、あなたのおかげだと言っているの」と答えた。ジョーは震える声で、「ジュリーは俺のことを覚えているかな？」と尋ねた。

ジュリーは「もちろん覚えてるわよ。ジョー、二回も私の上に吐いてくれたじゃない！」と答えた。

私はジュリーに、ジョーが自分が生きているのはあなたのおかげであると言っていることは、あなたにとってどのような意味があるのかと尋ねた。彼女は「もう、それを聞いてあと五年はこの仕事が続けられるわ」と答えた。

私はジョーに、ジュリーがこれから五年間仕事を続けるのを助けることになったと知ったことは、どのような意味があるのかと尋ねた。凛とした声でジョーは、「もしかしたら、彼女があと数人の男を生かしておくのを助けることになるかもしれない」と答えた。

カウンセリングを行うたびに、私たちの原動力となるようなニュースを得ることはできない。

カウンセリングが終結となれば、クライアントの多くは、カウンセラーのもとを再び訪れることはない。また、過去の問題をいつまでも引きずらないように、カウンセラーとして、クライアントの人生から身を引くことをよしとする考えもある。

しかし、何らかの偶然によって、カウンセラーが「この仕事を続けていてよかった」と思えるような、そして、そのことによってこれからもこの仕事を続けていけるようなニュースを受け取るときがある。このようなニュースを私は「ご褒美」と呼んでいる。

ヴィッキー・レイノルズは、こうしたニュースが支援者の手元に届くことの大切さを実感しているので、可能なときには、右のような実践をしているのだ。レイノルズの言葉を借りれば、これは「協働的持続可能性（Collective Sustainability）」を促進する実践、ということにある。

『宿題』

私が今ここでカウンセリングを継続できていることにつながっている「ご褒美」の一つを紹介したい。

私は人を支援することを生業としているわけだが、その活動は、クライアントが取り組んでくれたことに勇気づけられている。この相互関係が存在することにしっかりと気づいていたいと思う。人を支援するという活動は、人の支援を受けながら続けることができるものである。

Ｇ子に会ったとき、彼女は小学校四年生だった。小さな小学校の特別支援学級に在籍して、通常学級でも学んでいた。母親はＧ子のことで、以前から地元の保健師などに支援を受けていた。私を知る保健師が、Ｇ子のことで母親が悩んでいると私に相談してきたので、Ｇ子と会うことになったのである。

カウンセリングの場で、Ｇ子は、母親もよく知る保健師が同席することを許可してくれた。相談内容については、まず母親から語られた。

Ｇ子は、学校の宿題を必ずしなければならないという思いが強かった。ところが、自宅に戻ると、まったくといっていいほど宿題に手をつけることができないでいた。Ｇ子は、宿題をしなければいけない、でもできないという状況に毎晩のように直面していたのだ。そこで、泣きわめき、宿題をしなければいけない、でもできないと訴えていた。そして、深夜、疲れ果てるまで泣き続け、その後に眠るのであった。

母親は、宿題をしなくてもいいとは伝えていた。しかし、子どもは、宿題をする・しないということに関して、親は何の権限ももっていないことを知っている。権限のない者が宿題をしなくてもいいと言ったところで、その言葉は本人には届かない。

セッションのなかで、私とＧ子はいろいろな話をすることができた。ほかの子どもたちはどの程度宿題をやってきているのか、宿題をやらないとどのようなことが待っているのか、宿題をどのようにやっていきたいのか、などである。話していて感じたのは、この会話をほかの人が見たら、特別支援学級に在籍している子どもとの会話とは思えなかっただろう、ということだ。それほどG子は、私の問いかけに対して、見事に答えてくれた。

セッションの最後のほうで、私は一つの提案をした。話の流れで、その程度の提案をすることは理にかなっているように思えたのだ。それは、G子自身ができる、またはしたいと思った宿題を一つだけする、そして、それ以外の宿題はしない、ということだった。

学校に裁量がある宿題について、生徒と勝手に取り決めをしてしまったので、私はセッションの後すぐ、G子の通う小学校を訪れた。そのとき、担任の先生と、校長先生か教頭先生が対応してくれたと記憶している。私は、カウンセリングをしたこと、学校の許可なく宿題についてG子と勝手に決めてしまったことを説明した。そして、G子が宿題を一つでもしてきたら、そのことを認めて、褒めてもらえないだろうかとお願いしたのである。すでにG子の様子を把握していた学校の先生たちは、私の提案をありがたいほど前向きに受け入れてくれた。

ところが残念なことに、私はこの後のフォローをすることができなかった。なぜならば、私は個人的な理由で、この土地を離れることになったからである。

その後のことは、思いがけない形で知ることになる。ほぼ二年後、研修の講師として依頼を受けたので、またこの土地を訪れることになった。懇親会の場に、G子の母親が出席していた。そして、あのカウンセリングの後のことを教えてくれた。

G子はあのカウンセリング以降、学校から帰ると、宿題を一つ選び、その宿題をそれなりに素早く終わらせるようになったということであった。そしてあの日以来、夜、宿題ができないと泣くことは一度もないというのである。

毎晩G子が泣く姿を思い描いていた私は、泣くことがなくなったことに安堵するとともに、そのようなこともあるのだと驚きを隠せないでいた。そして、子どもが一つの宿題をすると決めたときに、それを継続できる力をもっていること、母親や学校の先生たちが一つの宿題をしていくG子を受け入れてくれたことなど、さまざまな要因があったことに感謝しながら、自分とのかかわりでこれが起こったことは、まさに「ご褒美」をもらったのだと思った。

このところのニュアンスをもう少し伝えたい。私が喜んだのは、自分のかかわりがうまくいったからではない。子どもが毎日泣き疲れて寝てしまう状況から、安定して一つの宿題をこなすようになるという予想もできない変化にかかわることができた。そのことに、嬉しさを感じたのである。その場にいることができてよかった、という思いである。

そして、何よりも興味深いことだが、G子は小学校のある時期にカウンセリングを受けたことなど忘れてしまっていた。過去にあった苦難や問題が記憶にないのであれば、それを引きずって生きていく必要はまったくないということになる。このようなことは、狙ってできることではないのだが、一つの理想としておきたいと考えている。

カウンセラーとして、クライアントが自分のかかわりを憶えてもいないということに、寂しさを感じることもあるかもしれない。しかし、その場にいた母親と保健師によって、そして身近にいる人々によって、それはしっかり記憶されていると、私は知っている。それで十分である。

カウンセラーだけでなく、あらゆる対人支援に携っている者は、自分がしている支援が本当に有益だと実感することは難しい。毎日のように、毎回のごとく、「自分はいったい何ができているのだろうか」と思い悩み、「何もできていない」という感覚に打ちのめされそうになりながら、日々の臨床を続ける。

私たちが自身のこころの健全さを保ちながらカウンセリングを継続していくためには、ここで述べたようなニュース（ご褒美）を糧にする必要があるのかもしれない。このようなご褒美は、毎日のように必要なものでもなく、稀にもらえるだけで十分である。それだけで、私たちはこの仕事を続けることができるのだ。そして、レイノルズがしたように、それを伝えられる機会があれば、伝えるようにしてほしい。それは、「ご褒美」を相手に贈ることになるし、その人の活動を支えることになる。このような実践が対人支援のコミュニティに広がるとき、よりよい支援が人々に届くことになるのではないだろうか。

〔第12章〕

みずからの実践を振り返る

スーパービジョンや教える仕事をする人びとは、スーパーバイズしたり教えたりする内容を、できるだけ自ら実践してみるように、私たちは薦めたいと思います。なぜなら、現場の最前線で仕事をする実態を忘れてしまい、スーパーバイザーの視点からはまったく当然と見えることを、なぜ自分のスーパーバイジーはこれほど困難に感じるのだろうか、と考えてしまうことはあまりにも容易であるからです。

——ホーキンズ、ショエット[1]

最後となるこの章では、「みずからの実践を振り返る」ことの重要性について考えてみたい。

根づかないスーパービジョン

対人支援を目的としたカウンセリングを学び、何らかの資格をとった人であれば、「スーパービジョン」という言葉を知っているはずである。そしてそれは実践を振り返る機会として、支援者にとって必要不可欠なものであると聞いているだろう。

このような認識は最近のものではなく、相当前からある。それにもかかわらず、スーパービジョンという実践は、日本ではいまだ十分に根づいていないと感じている。この感覚は、それほど間違っていないであろう。

スーパービジョンをしっかりと広めていくために、私たちは『心理援助職のためのスーパービジョン』[1]という本を二〇一二年に翻訳した。本書のなかで著者たちは、よきスーパーバイザーに求められる資質について次のように述べている。

カリフィオとヘスは、「理想的なスーパーバイザー」の資質を検討する際に、さまざまな文献を参照しました。[2] この資質というものは、理想的な心理療法士と同様なものが、違ったかたちで用いられるのだと、二人は考えています。これらの資質とは、ロジャーズの共感、理解、無条件の肯定的配慮、調和、真正さ、[3] コッシュの温かみと自己開示、[4] そして柔軟性、気遣い、

配慮、信頼、好奇心、あるいは率直さなどがあげられます。[5][6][7][8]

日本のカウンセラーも、ここに挙げられた項目には同意できると思う。しかし同時に、スーパービジョンにはもっと異なる側面があることを指摘したくなるのではないだろうか。それはおそらく、教育、指導、助言といった類いのものであろう。そうしたもののほうがより優先されると、日本では考えられているのではないだろうか。

一五年ほど前になるが、ある県の臨床心理士会で、スーパービジョンについてアンケート調査をしたことがある。そのなかで、これまでにスーパービジョンを受けた経験について心理士たちに尋ねたところ、その回答にはかなり厳しいものが含まれていた。スーパービジョンを受けることについて、必要性はあると感じつつ、受けると自分が傷つくことになるのではないか、吊るし上げられるのではないかというような懸念や不安をもっている人もいた。これでは、義務でもない限り、スーパービジョンを受けようという気持ちにはならないであろう。

スーパービジョン観の違い

ホーキンズ、[9] カダシン、[10] プロクター[11]は、いずれも、名称こそ異なるが、スーパービジョンの機能を三つに分類している。それは、①発達・教育的側面、②質的・管理的側面、③回復・サポート的側面である。

発達・教育的側面とは、経験の浅いカウンセラーが成長するための教育や指導を行うものである。日本のスーパービジョンで一番力が入れられているところであろう。

質的・管理的側面とは、カウンセリングを提供する組織のなかで、または職能団体のなかで、そのカウンセラーがきちんとした実践を行っているかどうかを確認し、必要があれば修正を試みるようなことを指す。カウンセラーからしてみれば、モニターされ、場合によっては指導を受けるということになる。

この二つの側面だけになってしまうと、まさしくsupervisionという英単語が日本語に翻訳されたときのニュアンスを強く含んでいく。すなわち「監督」「管理」「指示」「監視」「指揮」といったことである。

私は、日本では臨床心理士である一方、ニュージーランドではニュージーランド・カウンセラー協会（NZAC）の会員である。この協会のメンバーシップが、ニュージーランドでカウンセリングをする際の資格となる。

この協会は、カウンセリング実践をするすべての者に、スーパービジョンを受けることを義務づけている。毎年メンバーシップを更新する必要があるのだが、その際には自分のスーパーバイザーからの承認も必要となる。

私は、NZACのメンバーシップを取得してかれこれ二〇年近くになる。その間、定期的にスーパービジョンを受け続けている。そしてそのことによって、先に挙げた三つの機能の一つ「回復・サポート的側面」をしっかり提供してもらっていると実感している。このことは、ほかのカウンセラーにスーパービジョンについて尋ねてみても同様である。

スーパービジョンの実践において強調される側面が日本とニュージーランドでどうして異なるのか、考えてみる価値はあるだろう。名称が同じであっても、中身が異なってくるのはなぜなのだろうか。

まず考えられるのは、日本では、医療現場や専門職教育といったヒエラルキーがより明確なところで、スーパービジョンが行われてきたことである。医師や大学教員の役割として、教育や指導、そして管理が前面に出てくるのは不思議なことではない。受けるほうも、回復・サポートをあまり期待しないのではないかと思う。

また、日本ではスーパービジョンを体系的に学ぶ機会がないために、スーパービジョンを行う側が、どのようにすればよいかわからないということが考えられる。そのため、自分自身がスーパービジョンを受けたやり方で、または自分がよかれと思ったやり方で、独自に進めてしまうのである。その際には、日本文化のなかにある価値観がおおいに影響を及ぼす。日本では、スーパービジョンを受ける側が「よろしくご指導ください」「ご助言ください」などと言うのは普通のことであろう。

また、日本では、スーパービジョンはあくまでも初心者に提供するものである、という考え方がありそうである。当然のことながら、初心者に対しては教育的側面が強くなる。

ニュージーランドでは、スーパービジョンに対する責任はより重い。日本でスーパービジョンを行ったときに、その実践に関して、協会やクライアントへの説明責任が生じることは考えにくいだろう。しかし、ニュージーランドでは説明責任がある。それにもかかわらず、スーパーバイザーは、スーパービジョンを受けるカウンセラーをしっかりケアしようと努めるのである。なぜならば、対人援助の実践とは、誰かに支えてもらいながら継続するようなものだからである。

ニュージーランドのスーパーバイザーがこのような姿勢を保てるのには、一つ大きな理由がある。それは、スーパーバイザー自身もカウンセリングを実践しており、かつスーパービジョンを受けているということだ。スーパーバイザーになってまで、自分がスーパービジョンを受けるときに、教育的側面や管理的側面を求めることはないであろう。一方で、みずからの実践を振り返り、前向きな気持ちを取り戻すためには、自分自身がケアされることが必要であると、スーパーバイザー自身が実感しているのである。

仮にカウンセリングを実践していない者がスーパービジョンを提供する場合には、教育的側面と管理的側面だけに陥らないよう気をつける必要があるだろう[1]。

ブリジット・プロクターは、この点について次のように述べています[11]。

スーパーバイザーの役割とは、スーパーバイジーが自分は受け入れられ、尊重され、理解されていると感じるように支援することにある。なぜなら、そのとき初めてスーパーバイジーは安心することができ、自分自身と自分の力を認め、その上で自分を評価し、さらに挑戦することに前向きになれるからである。

（ホーキンズ、ショエット[1]）

みずからの実践を振り返る会話

スーパービジョンにまつわるイメージは、過去からの延長線上にある。スーパービジョンが日本に根づかないのであれば、このイメージを大幅に変える必要があるのだろう。あるいは、いっそスーパービジョンという言葉と決別することも一つの方法かもしれない。

カウンセラーとして大切なことは、自分の実践をしっかりと振り返ることである。ここで強調しておきたいのは、「振り返る」というのは、「反省する」ことではないということだ。もう一つ、強調しておきたい。自分一人で実践を振り返ると、「反省」という方向に引きずられがちになることをあわせて強調しておきたい。みずからの実践を振り返るとき、自分自身に厳しい視線を向けることだけに陥らないようにしなければいけない。つまり、そこには、ふさわしい他者が必要となるのである。

自分の実践のサマリーや逐語録を手に、相手に語りながら、みずからの実践を再検討し、今後のかかわりへのヒントをもらう。それは、できていたことやしようとしていたことを十分に認証されたうえで、次にしてみたいことを検討するプロセスである。

自分の実践を鏡に映して見ると考えれば、リフレクションと呼べるであろう。リフレクションとは、文字どおり、鏡に映って見えるものだ。ただ、「他者の関与」ということをもう少し強調するのであれば、「リフレクシビティ」という言葉がより適切なのではないかと私は考えている。

> 専門家は正確な評価のできる優越した地位にあるという通常の社会科学のもつ前提は崩壊した。少なくとも私にとって、治療の世界は一晩のうちにすっかり変わってしまったのである。（中略）私が経験したことを言葉で表現しようとする中で、〈リフレクシブ〉という言葉が徐々に浮かぶようになった。（中略）私は、リフレクシブという言葉を新たな専門用語に格上げしたいのではない。『ランダムハウス辞典』によれば、それは、「ある部分をそれ自体へと折り返すこと」というようにごく単純に定義されている。これを図形で表せば、8という数字になる。それは無限の印であり、円環や螺旋というこれまでの考え方が進化したものといえる。（ホフマン）[12]
>
> 注：訳文の「再帰的」を「リフレクシブ」とした

自分の実践が相手のなかに取り入れられて、自分に戻ってくる。そして、戻ってきたことを自分のなかに取り入れて、また相手に返していく。そのような循環的な会話をイメージすることができる。

ここまでくると、スーパーバイザーがスーパービジョンを受ける者に提供できることは、スーパーバイザーがカウンセラーとしてクライアントに提供できることと同じようなものになることがわかってくる。

スーパーバイザーは、スーパービジョンを受ける者が、カウンセリングの会話の場で何を試みようとして、何を感じ、どのようにこころを砕いているのかということを、認証することができるであろう。できたこと、しようとしたができなかったこと、そのときは思いつかなかったが後で思いついたことなどを相手に語ってもらうという、まさにカウンセリングの会話で起こるべきことが求められるのだ。

私はこのような会話を、リフレクシブ・カンバセーション（Reflexive Conversation：RC）と呼んでみてはどうかと思っている。RCにおいては、スーパーバイザーも、一般的な理論や方法論にとどまるのではなく、自分自身の体験を通して感じたことや考えたことを共有できるだろう。つまり、スーパーバイザーはスーパーバイザーという仮面をつけてそこにいるのではなく、一人の臨床家としてそこにいることが求められていく。

RCにおいては、もはやスーパーバイザーという名称も適切ではなくなってしまう。固有の名称が思いつかないが、ファシリテーターぐらいのほうがふさわしいだろう。スーパーバイザーに神秘の座から降りてもらい、より大切な会話の場を提供する方向に進む必要性を強く感じるのである。

日本において、スーパービジョンを受ける場所を手軽に見つけることができないのは、スーパービジョンを提供できる臨床家の不足という視点だけでは不十分です。多くの臨床家が、「自分なんかまだまだ」と、自分自身に「スーパーバイザー」という称号を与えることは、恐れ多いと感じているということについても、考えていかなければなりません。

なぜ「スーパービジョン」または「スーパーバイザー」という存在に対してこのようなことが起きるのでしょうか？　私は、「スーパービジョン」や「スーパーバイザー」という存在が、「神秘のベール」に包まれているからである、と考えています。スーパーバイザーといっても、ほかの人がどのようにしているのかも見たことがないし、スーパービジョンに関する理論体系や実践記録がそれほど出版されているわけではないのです。出版されているものは、実態をあからさまにするための言語化と言うよりも、さらに神秘性を高めるものでしかないものもあります。「スーパー」という言葉もその傾向に拍車をかけているのかもしれません。（国重[1]）

「スーパービジョンとは何か」というところから出発すると、RCのようなシンプルさは見えてこない。そして、知らず知らずのうちに、教育的側面と管理的側面が優勢となってしまうのである。過去の遺物を引きずることなく、カウンセラーが自身の実践をしっかりと振り返ることを目的とした会話の機会をつくる枠組みが必要なのだ。

耳の調律

みずからの実践を振り返る際に、自分がどのように人の話を聴いているのかということを検討するのは大切なことである。なぜならば、何を聴くのかということは、聴き手のあり方におおいに影響を受けるからである。

フリードマンとコームズが「リスニングというのは受け身の活動ではない。私たちが聴くときには、好むと好まざるとにかかわらず解釈をしているのだ[13]」と述べていることに、私たちは同意する。リスニングの過程で、セラピストは、意図的にせよ意図的でないにせよ、ある表現を聴くべきものとして選び、ほかを聴くべきものではないものとして選択している。（ハイベル、ポランコ[14]）

相手の話をどのように聴くかは、聴き手自身の人生経験や学習歴といった過去から影響を受けている。

人それぞれどれほど違ったように話を聴いているのかということを試したかったら、ごく短いエッセイを共有して、どのように受け取ったのかをシェアしてみるといい。さまざまな受け取り方があることに驚くであろう。

みずからの実践を振り返るためには、何をしたのか、何ができなかったのかということを検討する前に、自分は人の話をどのように聴いていたのかということを見る必要がある。私たちは、自分が聴いたことに関して何らかの検討を始めるのだが、そもそも聴いていないことについては、何も考えることができないからである。

ここで、ナラティヴ・セラピストであるハイベルとポランコ[14]が開発した「耳の調律」を紹介する。まず、カウンセラーが取り組んでいるケースをめぐって、次に示すステップで会話を進めていく。まず、自分がどのようなストーリーで話を聴いたのかを確認し、そのことが自分の経験やアプローチとどうつながっているのかを検討していく。そして、ほかにはどんな聴き方があるかを考えることに取り組んでいくのである。最後に、どのようなカウンセラーになりたいのかというところまで検討を進めていく。

【ステップ1】調律（チューニング）

話し手（クライアント）の語りで、聴き手（カウンセラー）の注意を捉えたものについて明確な描写をする。聴き手は、どのようなストーリーとして相手の語りを聴いたのだろうか。

〔特定のこと〕

▼話し手が話したこと、またはしたことで、あなた（聴き手）の注意を引いたものは何でしょうか？　具体的に教えてください。

〔ひと続きのこと〕

▼そこに注意を向けたことによって、ほかのどんなことが目を引くようになったのでしょうか？　結果として、どのようなことに耳を傾けるようになったのでしょうか？

〔テーマ〕

▼あなたの注意を引いた出来事を一つにまとめるとすれば、どのようなテーマが浮かび上がってきますか？　その一連の出来事に名前をつけることができるでしょうか？　あなたはどのようなストーリーとして、相手の話を聴いたのでしょうか？

【ステップ2】意図

聴くべきものとして選択されたものが、聴き手自身の経験、願望、あるいは成功体験とどのように関係しているのかを振り返る。

〔聴き手の背景にあるものが促進する側面〕

▼それらの出来事（テーマ、ストーリー）をめぐって、クライアントの説明に注意を向けるようにしてくれるのは、あなたのどのような体験なのでしょうか？　可能な範囲で、手短に教えてもらえますか？

▼自分の好み、意図、夢、価値や希望のなかで、特定の説明や事柄（性別、宗教、文化、理論）に耳を傾けるように促すものが何かあるのでしょうか？

〔聴き手の背景にあるものが抑制する側面〕

▼クライアントの語りのなかで、特定の説明を聴くことを妨げるような、あなた自身の経験や信条、または見解があるのでしょうか？

【ステップ3】結果

聴くべきものとして選択されたものが、会話の方向性を決めることについて検討する。今までの会話の方向性をより広げることを探究し、今までの会話の方向性が妨げていたことについても検討する。

〔今までのリスニングの方向性を発展させる〕

▼あなたのこれまでのリスニングの方向性のなかで、さらに探究したい事柄（領域）があるでしょうか？

▼その事柄（領域）をめぐって、さらに聴いてみたい質問が、何か思い浮かびますか？

〔聴き損なったところ〕

▼聴くべきことを自分がどのように選択したかについて理解した後で、あなたが聴き損なったかもしれないものに気づくことはありましたか？　クライアントの経験のなかで、どのような側面を聴き損なったのでしょうか？

〔自分の聴き方の特徴についての確認〕

▼自分の聴き方の特徴について見えてきたことがあると思います。それはどのようなものでしょうか？

【ステップ4】アクション

聴き手のリスニングのさらなる発展のために、そして、聴き手の人生において、このプロセスでの探索が、どのように将来に影響を及ぼしうるかを検討する。

- 話し手との会話のなかで見えてきた次のステップはどのようなものでしょうか？
- そのステップは、あなた自身の人生におけるステップとどのように関係してくるでしょうか？　そのステップは、自分自身の人生におけるステップがどのようなものだと示唆しているのでしょうか？
- これらのステップに取り組む方法はあるでしょうか？
- あなた自身の人生におけるそれらのステップは、あなたにとってどのように価値のあるものだと思いますか？
- このようなステップは、カウンセラーや人としての希望、夢、そして願望をどのように反映しているといえるでしょうか？

「耳の調律」については、ナラティヴ実践協働研究センターの『えぬぱっく小誌[15]』にまとめたので、興味があれば参考にしてほしい。

さて、スーパーバイザーとして、カウンセラーとして、クライアントの行為を振り返るための会話に取り組むということは、カウンセラーとして、クライアントの行為を振り返るための会話に取り組むことと類似している。クライアントは、カウンセリングのなかで、重要な他者に向き合う。一方でカウンセラーは、スーパービジョンのなかで、自分のクライアントに向き合うのだ。

批判されることなく真摯に話を聴いてもらうことを通して、私たちは、自分の実践をしっかりと見つめることにチャレンジできる。その場をいかに提供できるかについては、今後とも取り組んでいく必要があることであろう。カウンセラーを支える構造をしっかりと提供することなく臨床実践を継続させることは、職能団体または組織として、倫理的に問題のあることなのである。

私がかかわっているナラティヴ実践協働研究センターでは、カウンセリングを実践するにあたり六つの信条を掲げている。最後にその一つを紹介して、本書を締めくくりたい。

「支えられる構造と実践で、技術を磨き続ける（We develop and enhance our practising skills in this supportive arena）」

おわりに

本書は、雑誌『こころの科学』で八回にわたって連載した「もう一度カウンセリング入門」をベースとしている。執筆依頼を受けたとき、連載は一二回ぐらいを目安にしているという説明であった。雑誌連載は私にとって経験のないことだったので、本当に一二回書き切ることができるのだろうか、ナラティヴ・セラピー自体のことならともかく、カウンセリングの入門的なことが私に書けるのだろうかと、不安に感じていた。

カウンセリング一般について書くというのは、ナラティヴ・セラピーにしか取り組んできていない私にとって居心地の悪いことである。一般論である以上、ナラティヴ・セラピー以外の考え方をしっかりと組み入れる必要があるようにも思える。実際にそのようなものを目指す選択肢もあったのだろうが、とってつけたような知識を披露するだけにとどまりそうな気がして、それはやめた。そして、毎回の冒頭に「本連載は、ナラティヴ・セラピーのパラダイムからカウンセリングの『あたりまえ』を再考することが目的である」という断り書きを入れたうえで、カウンセリングで当然と見なされている技法や考え方について、ナラティヴ・セラピーの視点から考察していくことにした。

そうはいっても、そのような試みは初めてのことだったので、どんな切り口で書けばいいのか、どんな視点を組み込む必要があるのか、考えることになった。十分なものができたとは思わないが、この連載を通じて、今まで言葉にしたことがなかったことを表現する機会をもらえたと感じている。

本書のなかで、私が初めて考えを言葉にしている箇所は、ゆっくりとかみしめながら書いているようなところであるので、読者はどこの部分かわかるかもしれない。逆に、私の本業であるナラティヴ・セラピーに近いところについては、調子よく書いていると気づくのではないだろうか。『こころの科学』は隔月刊であるので、二ヵ月に一度、八〇〇〇字程度の原稿を書けばよいのであるが、本当に書けるかという不安がつきまとっていたので、常に先々の原稿をストックするようにしていた。具体的にいえば、二つから三つの原稿をいつもプールしながら、連載を続けていたのである。

興味深いことに、このようなペースで書いていると、予想外の機会もめぐってくる。編集者の木谷陽平さんから、連載を八回で切り上げて、書籍化する時期を早め、学会に合わせて出版できるようにしてはどうかという提案をいただいた。そこで、まずは一二章分の原稿を書き上げた後で、木谷さんに全体を再編成してもらい、一冊の本にまとめたという次第である。また書籍化にあたって、カウンセリングの事例をできるだけ取り入れるようにした。

「はじめに」でも触れたように、私は、自分の書いたものをできるだけ批判的に読んでもらいたいと願っている。私たちが手にできる知識で絶対的なものはない。常に、文脈に照らし合わせて、有効そうな知識が見えてくるだけである。本書を書くときにもできる限り多角的な視点を保持しながら記述しようとしたが、それにも限界のあることはわかっている。

批判的に読むということは、書かれていることを鵜呑みにしないのは当然であるが、ただ単に否定することでもないと思う。哲学者の竹田青嗣は、いろいろな哲学の概念や考え方について述べる際、その理論の射程が広い・狭いという形で紹介している。[1] どのような理論にもそれが有効な範囲というものがあり、Aという理論は生きてくる範囲が狭いが、Bという理論は汎用性が高い、というほどの意味である。

私がここで言いたいのは、どのような理論にも限界があるということである。批判的に読むとは、その限界について考えながら読むということではないだろうか。その理論が有効な場面を把握しつつも、その理論が有効ではない場面についてもしっかりと考えていくということになるのであろう。本書が叩き台となり、さまざまな検討につながるのであれば本望である。いかようにも批判的に読んでいただきたいと思う。

本書を作り上げるにあたって、日本評論社の木谷陽平さんには、企画を提案してもらったところから、連載、そして書籍化まで本当にお世話になりました。木谷さんがいなければ、本書は世に存在できなかったと思います。感謝申し上げます。

二〇二一年五月一日

コロナ禍においても普段どおりの生活を送れることに感謝しつつ、ニュージーランドの自宅にて

国重浩一

引用文献

〔第1章〕

［1］国重浩一＝編著『震災被災地で心理援助職に何ができるのか？』特定非営利活動法人ratik、二〇一四年 ※電子書籍

〔第2章〕

［1］White, M., Epston, D.: *Narrative means to therapeutic ends.* Dulwich Centre Publications, 1990.（小森康永＝訳『物語としての家族［新訳版］』金剛出版、二〇一七年）

［2］Seikkula, J., Arnkil, T.E.: *Dialogical meetings in social networks.* Karnac Books, 2006.（高木俊介、岡田愛＝訳『オープンダイアローグ』日本評論社、二〇一六年）

［3］White, M.: *Maps of narrative practice.* W.W. Norton & Company, 2007.（小森康永、奥野光＝訳『ナラティヴ実践地図』金剛出版、二〇〇九年）

［4］柄谷行人『探究Ⅱ』講談社学術文庫、一九九四年

[5] Bakhtin, M.M.: *Problems of Dostoevsky's poetics.* Theory and history of literature, Vol.8. Manchester University Press, 1984.

[6] Bakhtin, M.M.: *Speech genres and other late essays.* University of Texas Press, 1986.

[7] Holquist, M.(ed.), Emerson, C., Holquist, M.(trans.): *The dialogic imagination: four essays by M.M. Bakhtin.* University of Texas Press, 1981.

〔第3章〕

[1] Friedman, S.: Escape from the furies: a journey from self-pity to self-love. In: Friedman, S.(ed.): *The new language of change: constructive collaboration in psychotherapy.* Guilford Press, 1993, pp.251-277.

[2] Paré, D.A.: *The practice of collaborative counseling and psychotherapy: developing skills in culturally mindful helping.* Sage Publications, 2013.（日本語訳制作プロジェクト進行中）

[3] 内田樹『寝ながら学べる構造主義』文春新書、二〇〇二年

[4] Anderson, H., Goolishian, H.: The client is the expert. In: McNamee, S., Gergen, K.J.(eds.): *Therapy as social construction.* Sage Publications, 1992.（野口裕二、野村直樹＝訳『ナラティヴ・セラピー――社会構成主義の実践』遠見書房、二〇一四年）

〔第4章〕

[1] McNamee, S., Gergen, K.J.: Introduction. In: McNamee, S., Gergen, K.J.(eds.): *Therapy as social construction.* Sage Publications, 1992.（野口裕二、野村直樹＝訳『ナラティヴ・セラピー――社会構成主義の実践』遠見書房、二〇一四年）

[2] de Saussure, F.: *Course in general linguistics.* Philosophical Library, 1959.（町田健＝訳『新訳ソシュール一般言語学講義』研究社、二〇一六年）

［3］ Austin, J.L.: *How to do things with words.* Oxford University Press, 1962.（坂本百大＝訳『言語と行為』大修館書店、一九七八年）
［4］ 国重浩一『ナラティヴ・セラピーの会話術――ディスコースとエイジェンシーという視点』金子書房、二〇一三年
［5］ Geertz, C.: From the native's point of view: on the nature of anthropological understanding. In: Basso, K.H., Selby, H.A.(eds.): *Meaning in anthropology.* University of New Mexico Press, 1976, pp.89-95. ※引用した訳文は以下：マディガン（児島達美、国重浩一、バーナード紫 他＝監訳）『ナラティヴ・セラピストになる――人生の物語を語る権利をもつのは誰か？』（北大路書房、二〇一五年）
［6］ Seikkula, J., Arnkil, T.E.: *Dialogical meetings in social networks.* Karnac Books, 2006.（高木俊介、岡田愛＝訳『オープンダイアローグ』日本評論社、二〇一六年）

〔第5章〕

［1］ Bakhtin, M.M.: *Speech genres and other late essays.* University of Texas Press, 1986.
［2］ 国重浩一＝編著『震災被災地で心理援助職に何ができるのか？』特定非営利活動法人ratik、二〇一四年 ※電子書籍

〔第6章〕

［1］ Freedman, J., Combs, G.: *Narrative therapy: the social construction of preferred realities.* W.W.Norton & Company, 1996.
［2］ Hibel, J., Polanco, M.: Tuning the ear: listening in narrative therapy. *Journal of Systemic Therapies* 29: 51-66, 2010.
［3］ 国重浩一「ナラティヴ・セラピーの耳の調律マップ――自分のリスニング傾向に気づき、その幅を拡げるために」『えぬぱっく小誌』一号、六―五〇頁、二〇二〇年
［4］ 柄谷行人『探究Ⅱ』講談社学術文庫、一九九四年

〔第7章〕

［1］Ende, M.: *Momo.* Thienemann-Esslinger Verlag GmbH, 1973.（大島かおり＝訳『モモ』岩波少年文庫、二〇〇五年）

［2］国重浩一、横山克貴＝編著『ナラティヴ・セラピーのダイアログ——他者と紡ぐ治療的会話、その「言語」を求めて』北大路書房、二〇二〇年

〔第8章〕

［1］伊藤伸二、国重浩一＝編著『どもる子どもとの対話——ナラティヴ・アプローチがひきだす物語る力』金子書房、二〇一八年

［2］国重浩一、横山克貴＝編著『ナラティヴ・セラピーのダイアログ——他者と紡ぐ治療的会話、その「言語」を求めて』北大路書房、二〇二〇年

［3］White, M.: *Maps of narrative practice.* W.W. Norton & Company, 2007.（小森康永、奥野光＝訳『ナラティヴ実践地図』金剛出版、二〇〇九年）

［4］Greimas, A.J., Courtés, J.: The cognitive dimension of narrative discourse. *New Literary History* 7: 433-447, 1976.

［5］Bruner, J.S.: *Actual minds, possible worlds.* Harvard University Press, 1986.（田中一彦＝訳『可能世界の心理』みすず書房、一九九八年）

〔第9章〕

［1］White, M.: *Maps of narrative practice.* W.W. Norton & Company, 2007.（小森康永、奥野光＝訳『ナラティヴ実践地図』金剛出版、二〇〇九年）

［2］ 伊藤伸二、国重浩一＝編著『どもる子どもとの対話――ナラティヴ・アプローチがひきだす物語る力』金子書房、二〇一八年
［3］ White, M.: *Narratives of therapists' lives.* Dulwich Centre Publications, 1997.（小森康永＝監訳『セラピストの人生という物語』金子書房、二〇〇四年）
［4］ Geertz, C.: *The interpretation of cultures.* Basic Books, 1973.（吉田禎吾、中牧弘允、柳川啓一 他＝訳『文化の解釈学［Ⅰ・Ⅱ］』岩波書店、一九八七年）
［5］ Monk, G., Winslade, J., Crocket, K. et al.(eds.): *Narrative therapy in practice: the archaeology of hope.* Jossey-Bass, 1997.（国重浩一、バーナード紫＝訳『ナラティヴ・アプローチの理論から実践まで――希望を掘りあてる考古学』北大路書房、二〇〇八年）

［第10章］

［1］ Carlson, J., Englar-Carlson, M.: Series preface. In: Madigan, S.: *Narrative therapy.* American Psychological Association, 2011.（児島達美、国重浩一、バーナード紫 他＝訳『ナラティヴ・セラピストになる――人生の物語を語る権利をもつのは誰か？』北大路書房、二〇一五年）
［2］ Haley, J.: *Leaving home: the therapy of disturbed young people. 2nd ed.* Routledge, 1997.
［3］ Rogers, C.R.: The necessary and sufficient conditions of therapeutic personality change. *J Consult Psychol* 21: 95-103, 1957.
［4］ Bateson, G.: *Steps to an ecology of mind.* Ballantine Books, 1972.（佐藤良明＝訳『精神の生態学［改訂第二版］』新思索社、二〇〇〇年）
［5］ White, M., Epston, D.: *Narrative means to therapeutic ends.* Dulwich Centre Publications, 1990.（小森康永＝訳『物語としての家族［新訳版］』金剛出版、二〇一七年）

〔第11章〕

〔1〕 Richardson, C., Reynolds, V.: "Here we are, amazingly alive": holding ourselves together with an ethic of social justice in community work. *Int J Child Youth Family Stud* 1: 1-19, 2012.

〔第12章〕

〔1〕 Hawkins, P., Shohet, R.: *Supervision in the helping professions. 3rd ed.* Open University Press, 2007.（国重浩一、バーナード紫、奥村朱矢＝訳『心理援助職のためのスーパービジョン――効果的なスーパービジョンの受け方から、良きスーパーバイザーになるまで』北大路書房、二〇一二年　※引用は本書「まえがき」より）

〔2〕 Carifio, M.S., Hess, A.K.: Who is the ideal supervisor? *Prof Psychol Res Pr* 18: 244-250, 1987.

〔3〕 Rogers, C.R.: The necessary and sufficient conditions of therapeutic personality change. *J Consult Psychol* 21: 95-103, 1957.

〔4〕 Coche, E.: Training of group therapists. In: Kaslow, F.W.(ed.): *Supervision, consultation, and staff training in the helping professions.* Jossey-Bass, 1977.

〔5〕 Albott, W.L.: Supervisory characteristics and other sources of supervision variance. *Clin Superv* 2: 27-41, 1984.

〔6〕 Aldridge, L.: *Construction of a scale for the rating of supervisors of psychology.* Auburn University, 1982.

〔7〕 Gitterman, A., Miller, I.: Supervisors as educators. In: Kaslow, F.W.(ed.): *Supervision, consultation, and staff training in the helping professions.* Jossey-Bass, 1977.

〔8〕 Hess, A.K., Hess, K.D., Hess, T.H.(eds.): *Psychotherapy supervision: theory, research, and practice.* Wiley, 1980.

〔9〕 Hawkins, P.: Coaching supervision. In: Passmore, J.(ed.): *Excellence in coaching: the industry guide.* Kogan Page, 2006.

〔10〕 Kadushin, A., Harkness, D.: *Supervision in social work.* Columbia University Press, 1976.

〔11〕 Proctor, B.: Supervision: a co-operative exercise in accountability. In: Marken, M., Payne, M.(eds.): *Enabling for education and training in youth and community work.* 1988.

〔12〕 Hoffman, L.: A reflexive stance for family therapy. In: McNamee, S., Gergen, K.J.(eds.): *Therapy as social construction.* Sage Publications, 1992.（野口裕二、野村直樹＝訳『ナラティヴ・セラピー――社会構成主義の実践』遠見書房、二〇一四年）

〔13〕 Freedman, J., Combs, G.: *Narrative therapy: the social construction of preferred realities.* W.W.Norton & Company, 1996.

〔14〕 Hibel, J., Polanco, M.: Tuning the ear: listening in narrative therapy. *Journal of Systemic Therapies* 29: 51-66, 2010.

〔15〕 国重浩一「ナラティヴ・セラピーの耳の調律マップ――自分のリスニング傾向に気づき、その幅を拡げるために」『えぬぱっく小誌』一号、六―一五〇頁、二〇二〇年

［おわりに］

〔1〕 竹田青嗣『竹田教授の哲学講義21講――21世紀を読み解く』みやび出版、二〇一一年

国重浩一（くにしげ・こういち）

一九六四年、東京都墨田区生まれ。ニュージーランド、ワイカト大学カウンセリング大学院修了。日本臨床心理士、ニュージーランド・カウンセラー協会員。鹿児島県スクールカウンセラー、東日本大震災時の宮城県緊急派遣カウンセラーなどを経て、二〇一三年からニュージーランドに在住。

同年に移民や難民に対する心理援助を提供するための現地NPO法人ダイバーシティ・カウンセリング・ニュージーランドを立ち上げる。二〇一九年には東京で一般社団法人ナラティヴ実践協働研究センターの立ち上げに参加。

著書に『ナラティヴ・セラピーの会話術』（金子書房）、『震災被災地で心理援助職に何ができるのか？』（編著、ratik）、『どもる子どもとの対話』（共著、金子書房）、『ナラティヴ・セラピーのダイアログ』（編著、北大路書房）など、訳書にモンク他編『ナラティヴ・アプローチの理論から実践まで』、ウィンズレイドとモンク『ナラティヴ・メディエーション』、ホーキンズとショエット『心理援助職のためのスーパービジョン』（いずれも共訳、北大路書房）などがある。

■著者の連絡先：kou_kunishige@hotmail.com

もう一度カウンセリング入門
心理臨床の「あたりまえ」を再考する

2021年 7月20日　第1版第1刷発行

著　者　国重浩一

発行所　株式会社 日本評論社
〒170-8474　東京都豊島区南大塚3-12-4
電話：03-3987-8621［販売］
03-3987-8598［編集］
振替：00100-3-16

印刷所　精文堂印刷

製本所　井上製本所

装　幀　土屋 光（Perfect Vacuum）

検印省略

ISBN978-4-535-56406-0　Printed in Japan